Sathya Sai Baba · Strom des Friedens

Sathya Sai Baba

Strom des Friedens

Prashānti Vāhinī

Sathya Sai Vereinigung e. V.

Das Original erschien in Telugu, Sprache der südindischen Provinz Andhra Pradesh. Übersetzung ins Englische von N. Kasturi. Übersetzung vom Englischen ins Deutsche von Dr. Kurt Enke, neu bearbeitet von Susan Boenke. Einbandgestaltung Hans-Bernd Sluet.

Die Deutsche Bibliothek – CIP-Einheitsaufnahme

Sathya Sai Baba:

Strom des Friedens: Prashānti Vāhinī / Sathya Sai Baba. – 5. Aufl. – Dietzenbach: Sathya-Sai-Vereinigung, 2001

ISBN 3-924739-33-1

Sathya Sai Vereinigung e. V., Grenzstr. 43, D-63128 Dietzenbach
Herstellung: Richarz Publikations-Service GmbH, D-53757 Sankt Augustin

Zur Aussprache der Sanskritwörter:

Die Vokale ā, ī, ū, sowie e und o sind immer lang (wie in Rat, Sieg, Zug, See und Dom)

c = tsch (kla*tsch*en)
j = dsch (engl. *j*oy)
s = ss (Wa*ss*er)
sh = sch (*Sch*all)
v = w (*W*ort)
y = j (*j*eder)

Das h in bh, ch, dh, gh, jh, kh, ph, th ist als ein deutlich hörbarer Hauchlaut zu sprechen (z.B. *budd-hi*).

Die Betonung richtet sich nach der Länge der Vokale, der Ton wird bei längeren Worten bis zur drittletzten Silbe zurückgezogen, wenn die vorletzte kurz ist (z.B. *sā́dhana*, *vā́sanā*, *sáttvika*). Wenn die vorletzte Silbe lang ist (durch Länge oder folgende Doppelkonsonanz), trägt sie den Ton (z.B. *ānánda, bhāvaróga, ahamkā́ra*).

Zur Übersetzung

Die Sanskritworte sind – mit Ausnahme der Eigennamen – im Anschluß an ihre Übersetzung in Klammern und Kursiv wiedergegeben. Dies ermöglicht dem Leser, die zum Teil je nach Sinnzusammenhang unterschiedlich übersetzten Begriffe auf das Urwort zurückzuführen. Am Ende des Textes (S. 107) sind die Sanskritworte und ihre Bedeutung in einem Glossar zusammengefaßt.

Vorwort zur fünften englischen Auflage

Wir befinden uns heute mitten im Strudel einer menschheitsgeschichtlichen Krise. Weltweit ist die Menschheit von Furcht ergriffen. Die Angst, die im Herzen des Menschen herrscht, raubt ihm Ruhe und Schlaf, Freude und Lachen. Tugend ist selten geworden, und überall findet man Heuchelei. Aus Familie, Gesellschaft, Staat und der ganzen menschlichen Gemeinschaft tönt ein ergreifender Schrei nach Frieden *(shānti)*. Aber wir brauchen nicht zu verzweifeln: In Prashānti Nilayam, der Wohnstätte des höchsten Friedens, hat Bhagavān Shrī Sathya Sai Baba den Prozeß der Wiederherstellung dieses höchsten, wahren Friedens *(prashānti)* eingeleitet. Seine übernatürlichen Kräfte und Wunder erweisen Ihn als Gott, und Seine Allwissenheit läßt Gelehrte aller Wissenschaften erstaunen. Seine Allgegenwart wird auch jenseits des Ozeans erlebt. Allen, die ihre Herzen mit Tränen der Reue reinigen, ist Seine Gnade zugänglich. Er lehrt uns das Geheimnis des höchsten Friedens in Gesprächen, Vorträgen, Aufsätzen. Man findet sie in dem Monatsheft „Sanātana Sārathi" („Der ewige Wagenlenker"), das in Prashānti Nilayam herausgegeben wird. Dieses Buch ist die Übersetzung einer Artikelserie, die Er über das Thema „Höchster Friede" geschrieben hat. Studiere es mit Hingabe, lieber Leser, und praktiziere seine Lehren; denn sie stammen vom Göttlichen Avatāra (Verkörperung Gottes auf Erden) selbst, der gekommen ist, um den Menschen, die den Weg verloren haben, die uralte Weisheit wiederzubringen.

15.8.1982

N. Kasturi
Herausgeber der „Sanātana Sārathi"

ॐ

Leser! Möge dieser Strom der Liebe die lodernden Feuer der Unrast, der Unwissenheit, der Ungerechtigkeit und des Unglaubens löschen, die dabei sind, euch zu verzehren, und möge er euren Durst stillen. Möge er Friede, Freude und Glück über euch ergießen.

Viele sind sich nicht darüber im klaren, was das Wort *„prashānti"* bedeutet. Höchster Friede (*prashānti*) ist für jeden Einzelnen wie das Rückgrat und für den spirituell Suchenden (*sādhaka*) der eigentliche Atem. Dennoch versteht jeder unter diesem Wort etwas anderes. Viele empfinden zum Beispiel Befriedigung, wenn irgendein weltlicher Wunsch, der sie quälte, erfüllt wurde. Das ist jedoch kein wirklicher Friede, es ist nur ein vorübergehender kurzer Abschnitt zwischen einer Unruhe und der nächsten. Die Silbe *„pra"* in dem Wort *„prashānti"* bedeutet: sich ausdehnend, sich vergrößernd, Entfaltung (*vikāsha*); diese Eigenschaften kennzeichnen also den höchsten vollkommenen Frieden.

ॐ

Im Zustand des höchsten Friedens gibt es keine Begierde und keinen Zorn, keine Habsucht und keinen Haß. Höchster Friede entsteht aus dem erfolgreichen Auflösen dieser Eigenschaften, die den Bereichen des Verlangens (*kāma*) und des Zorns (*krodha*) zuzuordnen sind. Dieser Prozeß der Beherrschung der Sinne, der *Shama* genannt wird, ist für alle von großer Bedeutung und stellt eine ununterbrochene Herausforderung für den Gottsuchenden dar. Nach was strebt denn der spirituelle Aspirant (*sādhaka*)? Nach Erfüllung, nicht wahr? Mit anderen Worten, er strebt nach Frieden. Nun ist dieser Friede (*shānti*) die eingeborene Wesensart des Menschen. Friede ist die Kraft, die denen hilft, die versuchen, Unterscheidungsvermögen (*viveka*), Verstandesschärfe (*vicakshana*) und Loslösung (*vairāgya*) zu entwickeln. Friede ist nichts anderes als ein Aspekt des wahren Göttlichen Selbst (*ātman*) im Menschen. Genau wie *ātman* ist auch der Friede (*shānti*) ohne Anfang und Ende, nichts Übles kann ihn stören, er gleicht nur sich selbst und ist mit nichts anderem vergleichbar.

Friede muß gleichermaßen im Denken (*manas*), Sprechen (*vāk*), Verhalten (*kāya*) und Handeln (*karman*) offenbar werden. Friede wird dann zu höchstem Frieden (*prashānti*), zu wirklichem Frieden. Ohne diesen Frieden kann man nicht hoffen, irdische, überirdische oder jenseitige Seligkeit zu gewinnen. Friede ist der Nährboden für alles Glück und alle Freude. Tyāgarāja wußte das, als er sang: „Ohne Frieden (*shānti*) keine Glückseligkeit (*saukhya*).“ Alle Menschen, wer auch immer sie sein mögen – ob Asketen (*dāntins*) oder Gelehrte (*vedāntins*), Gläubige oder Philosophen –, brauchen Frieden.

ॐ

Aber der Mensch ist unfähig, auch nur einen Augenblick ruhig zu sein. Die Abwesenheit von Zorn allein ist nicht gleichbedeutend mit Frieden. Die Befriedigung, die damit verbunden ist, daß man etwas erhält, was man sich gewünscht hat, sollte ebenfalls nicht mit innerem Frieden verwechselt werden. Wahrer Friede, der einmal das Herz durchdrungen hat, darf künftig durch nichts mehr erschüttert werden. Nur solch ein Friede verdient es, höchster Friede (*prashānti*) genannt zu werden. Höchster Friede kennt kein Auf und Ab, er ist nicht nur dann vollkommen, wenn alles gut geht, und unvollkommen in Zeiten des Unglücks, er ist nicht heute so und morgen anders. Das Aufrechterhalten des ununterbrochenen ständigen Fließens der Glückseligkeit (*ānanda*), das ist höchster Göttlicher Friede.

Diese „Prashānti Vāhini“, der „Strom des Friedens“, erzählt euch und macht euch verständlich, wie man diesen Frieden gewinnt, wie man ihn verwirklicht, und welches seine Eigenschaften sind. Jeder einzelne Gottsucher (*sādhaka*) hat das erklärte Recht, diesen höchsten Frieden zu erlangen; deshalb muß er den Weg kennenlernen, auf dem er ihn erreichen kann. Heutzutage leidet die Welt unter selbstsüchtiger Politik, nihilistischer Weltanschauung und herzlosem Wettbewerb – in der Tat ein schändlicher Zustand! Der Mensch hat sein von Grund auf Göttliches Wesen völlig vergessen.

Angesichts einer solchen Krise sind Friede (*shānti*) und reine Liebe (*preman*) am dringendsten nötig. Sie sind die Arzneien, die dieses furchtbare Leiden heilen werden. Kein anderes Mittel kann die Krankheit mildern. Liebe (*preman*) ist das einzige Mittel, um Frieden (*shānti*) zu gewinnen. Das Öl der Liebe unterhält die Göttliche Flamme des Friedens. Liebe führt die Einheit der ganzen Menschheit herbei, und diese Einheit führt, zusammen mit geistiger Erkenntnis, zum Frieden der Welt.

Selbstdisziplin ist die Grundlage eines erfolgreichen Lebens. Nur dadurch kann der Mensch zu wirklichem und dauerndem Frieden kommen; und ohne Frieden kann es kein Glück geben. Friede ist die wahre Natur des Göttlichen Selbst (*ātman*). Er existiert nur in Verbindung mit einem reinen Herzen, nie mit einem habgierigen Herzen voller Wünsche. Friede ist das herausragende Kennzeichen der Gottvereinigten (*yogīs*), der Weisen (*rishis*) und Gotterfüllten (*satpurushas*). Er ist nicht von äußerlichen Bedingungen abhängig. Er flieht vor den

Selbstsüchtigen und den Sinnlichen, er haßt die Gesellschaft solcher Leute. Er ist der Wesenszug des inneren Göttlichen Selbst (*ātman*), wunderbar, unerschütterlich und beständig.

Friede ist voll geistiger Erhebung und voller Weisheit, die die natürlichen Begleiter der Seligkeit sind. Echter Friede ist nur durch die Beherrschung der Sinne zu erreichen; dann nur darf er höchster Friede (*prashānti*) genannt werden. Das Erleben dieses Zustandes ist wie ein Strom des Friedens. Wenn man die Wogen geistiger Erregung glättet und die Wirbel und Strudel von Zu- und Abneigung, von Liebe, Haß, Sorge, Freude, Hoffnung und Verzweiflung zur Ruhe bringt, erringt und erhält man unerschütterlichen Frieden. Friede ist von gleicher Natur wie das Göttliche Selbst (*ātman*), und dies wiederum ist unvergänglich. Der *Ātman* stirbt nicht wie der Körper und das Gemüt. Er ist universell, alldurchdringend, und seine eigentliche Natur ist Weisheit; und diese Merkmale gelten in gleicher Weise für den Frieden (*shānti*). Die Erkenntnis des *Ātman* zerstört Täuschung, Zweifel und Sorge. Deshalb verleiht das Wissen um das Selbst (*ātmajnāna*) unerschütterlichen Frieden und – damit verbunden – Heiligkeit und Glück.

Das Göttliche Höchste Selbst (*ātman*) ist nicht der Gegenstand des Wissens, es ist vielmehr der eigentliche Ursprung und die Quelle des Wissens. Höheres Wissen und Erkenntnis (*jnāna*) zeigen den Weg zum Reifwerden, zum Früchtetragen, zu Freiheit, zu Unsterblichkeit, zu ewiger Glückseligkeit, zu ewigem Frieden. Wer von den Launen seiner Sinne fortgetragen wird, kann das Göttliche nicht erreichen. Der Göttliche Urgrund (*brahman*) ist das Eine, Unveränderliche in dieser Welt des Wandels. Das wahre Selbst (*ātman*) wird durch äußerliche Umwandlungen und Veränderungen oder Modifikationen nicht getrübt. Schönheit des Körpers ist nicht gleichzusetzen mit *Ātman*. Das Göttliche Selbst (*ātman*) ist genau genommen nichts Bestimmbares; es ist weder dies noch das. Man kann nur sagen, daß es eben das Göttliche Selbst (*ātman*) ist, der Göttliche Ursprung (*brahman*). Gott selbst wurde zu Wahrheit (*satya*), Liebe (*preman*), Licht, Frieden, Weisheit (*jnāna*) und höchster Seligkeit (*paramānanda*). Auf jedem dieser Wege könnt ihr den Göttlichen Ursprung erreichen, zweifelt nicht daran. Es ist die Wahrheit.

Das Höchste Selbst (*ātman*) ist weder gleichbedeutend mit den fünf Sinnen, noch mit dem Intellekt, noch mit den Lebensenergien (*prānas*), noch mit der Lebenskraft. Es ist nur durch das, was es nicht ist, zu beschreiben, nicht durch das, was es ist. Niemand kann sagen: „So ist es". Wenn jemand doch sagt, es ist so oder so, oder es ist dies und das, so wird daraus nur ersichtlich, daß er auch nicht das Geringste davon weiß. Über etwas Unbekanntes kann man viel sagen; alles, jede Bezeichnung kann man ihm zuschreiben. Kurz gesagt, das Göttliche Selbst (*ātman*) ist nicht durch Worte mitteilbar, es ist unmöglich, es zu beschreiben, wer es auch versuchen mag.

ॐ

Glückseligkeit (*ānanda*) ist die eingeborene Natur des Menschen. Aber leider sucht er überall nach ihr außer dort, wo sie zu finden ist. Glückseligkeit ist nicht etwas Lebloses und Inaktives. Es ist eine andere Bezeichnung für zielbewußtes Leben. Unter der Autorität des Friedens kann Glückseligkeit herrschen. Innerer Friede (*shānti*) bestimmt die Grenzen und Gesetze für alle Aktivitäten. Er muß so fest werden, daß er von dem immer unsteten Gemüt oder den nach außen gerichteten Sinnen nicht beeinflußt werden kann. Man kann ihn nur persönlich erleben in dem natürlichen Zustand geistiger Erkenntnis (*jnāna*). Friede ist der kostbarste Schatz. Wer diesen unsterblichen, unzerstörbaren und unveränderlichen Schatz hebt, schöpft die Freuden dieses Friedens aus. Ein solcher Mensch hat auch keinen Tod.

ॐ

Friede ist wie ein uferloser Ozean, er ist das Licht, das die Welt erleuchtet. Ihn zu haben, heißt alles zu haben. Er vermittelt die Kenntnis beider Welten, der diesseitigen und der jenseitigen. Er führt dahin, den Göttlichen Ursprung (*brahman*), die wahre Erfüllung des menschlichen Lebens, zu verstehen, die der Vedānta zu lehren versucht.

ॐ

Reine Liebe kann nur einem Herzen entströmen, das in die alles durchdringende und reinigende Atmosphäre des Friedens getaucht ist. Innerer Friede ist nicht eine durch Logik zu gewinnende Überzeugung, sondern das Ergebnis jedes disziplinierten Lebens. Das Bewußtsein eines Menschen ist bei seiner Geburt wie ein unbeschriebenes weißes Blatt Papier. Sobald nun das Denken, Fühlen und Handeln beginnen, wird auch das Bewußtsein mehr und mehr getrübt. Der Körper hängt von der Lebensenergie (*prāna*) ab, diese wiederum ist vom Bewußtsein und den Wünschen abhängig, die das Denken und Fühlen bewegen. Recht und Wahrheit werden durch die Einflüsse von Umgangsformen, Mode, Konventionen und Gewohnheiten vernebelt, und der einzelne ist in die Masse hineingeworfen. Seine Einzigartigkeit wird verletzt und ist verloren gegangen.

Deshalb muß zuerst das Denken und Fühlen wieder besänftigt und beruhigt werden. Nur dann ist die Voraussetzung für einen gesunden Körper und einen scharfen Verstand gegeben. Das Bewußtsein kann sich nur auf einen Gegenstand und nicht auf mehrere gleichzeitig richten. Gleichwohl ist es ein Konglomerat von Gedanken, Wünschen, Phantasien, Vorstellungen und dergleichen. Tatsächlich enthält das Bewußtsein wie in einer „Nußschale" die gesamte Schöpfungsgeschichte. Es ist sozusagen das Abbild der Vorstellungswelt (*māyā*) des Menschen. Das Denken und Fühlen ist das Schlachtfeld (*kurukshetra*), auf dem gut und böse, Recht und Unrecht um die Oberherrschaft ringen. Eisen kann nur wieder durch Eisen geschmiedet werden. Entsprechend muß das niedere Bewußtsein vom höheren Bewußtsein selbst gebessert werden. Man muß seinen Geist stärken und erheben, damit man der Aufgabe der persönlichen Erneuerung gerecht werden kann.

Darin besteht der Zweck dieser „Prashānti Vāhinī". Trinkt mit vollen Zügen die Wasser dieses Stromes, die Wasser der darin aufgezeigten Disziplin. Taucht ganz in ihn ein, um rein zu werden. Möge seine Kühle eure Sorgen und Leiden lindern und eure Sünden auslöschen.

ॐ

Nun hat noch eine andere Krankheit begonnen, sich in der Welt auszubreiten, die den Frieden vermindert und schwächt: Viele erteilen nach der Art von Papageien heilsame Ratschläge über Moral, Religion und Disziplin. Sie selbst praktizieren allerdings nicht den kleinsten Teil davon. Diese sogenannten „Lehrer" verstehen nur, die Dinge mit Worten auszudrücken, nicht aber, sie in die Tat umzusetzen. Woher haben sie, die uns lehren wollen, was man tun soll, das Wissen, um darüber sprechen zu können? Worte ohne dahinterstehende Erfahrung: Unter dieser Krankheit leidet die Welt von heute. Diese Krankheit muß zuerst behandelt und geheilt werden, denn sonst wird kein echter Friede für die Menschheit gewonnen. Es ist leicht, nur zu reden – jeder kann das. Aber nur der ist ein echter Gottsucher (*sādhaka*), der erst handelt und dann redet, aus der Erfahrung heraus. Wer nur redet, aber nicht handelt, beschwört nur Unglück herauf. Solche gefährlichen „Gottsucher" (*sādhakas*) und „Weisen" (*sādhus*) haben sich stark vermehrt und den wahren Weg unkenntlich gemacht. Und auch Devotees mit einem einfachen und unschuldigen Gemüt, die sich an solche Leute halten, werden in die Irre geführt und getäuscht. Schaut deshalb zuerst auf das Verhalten der Führer und spirituellen Sucher und trefft danach eure Wahl. Wenn sie ihre eigenen Ratschläge selbst nicht befolgen, dann zollt ihnen nicht mehr Respekt als einer Tonbandwiedergabe. Die Wiedergabe sollte so lange nur als Wiedergabe behandelt werden, nicht als Göttlich, bis ihr die Stufe erreicht habt, auf der die Wahrheit: „Alles ist Gott" in euch offenbar wird. Wenn ihr jedoch nur mit Worten sagt: „Alles ist Gott", dabei aber in der Praxis manche als unheilig behandelt, ist das ein noch größerer Fehler und eine noch größere Sünde.

ॐ

Viele halten eine angenehme Ausdrucks- und Vortragsweise für wichtig. Das ist natürlich in einem gewissen Maße zutreffend; aber die Schönheit der Worte muß bestehen bleiben, wann immer man sich die Rede ins Gedächtnis zurückruft. Der Eindruck sollte sich nicht im Laufe der Zeit in Bitterkeit verwandeln. Nur dann sind solche Worte himmlischer Nektar (*amrita*). Heutzutage ist diese Schönheit nicht beständig; sie verkehrt sich rasch in Bitterkeit. Der Grund liegt in der fehlenden Übereinstimmung zwischen dem Gegenstand der Rede, der Person des Redners und seiner Verhaltensweise. Deshalb werden heute die Worte zu Falschheit, zu *anrita*, anstatt zu *amrita*.

Der gute Eindruck wird unverändert andauern, wenn ein gutes Thema in angemessenem Stil und passendem Empfinden und auf der Basis echter Erfahrung vorgetragen wird.

Spirituelle Aspiranten sollen nun folgendes tun: Als erstes muß Unterscheidungskraft (*viveka*) entwickelt werden, das bedeutet die Fähigkeit, das Ewige vom Vergänglichen zu unterscheiden und zu beurteilen, was wirklich wertvoll ist. Als zweites muß man ernsthaft versuchen, das, was man als wertvoll und wahrhaftig erkannt hat, selber zu erfahren und umzusetzen. Drittens sollte man diesen Versuch nicht aufgeben, was sich auch in den Weg stellen mag. Das Befolgen dieser drei Dinge ist wahre spirituelle Disziplin (*tapas*). Aus solcher Disziplin allein werden wahrer Friede und wahre Freude geboren.

Nun ist alles, von der Ameise bis zum mächtigsten Geschöpf, in jeder Minute dem einen oder anderen Wandel unterworfen. Es gibt keinen Gegenstand, kein lebendes Wesen, das von dieser Regel ausgenommen ist. Die Schöpfung verändert sich dauernd, und diese Veränderung findet auf zwei Ebenen statt: äußerlich und innerlich. Der äußere Wandel ist leicht zu erkennen, der innere hingegen ist nicht so offenkundig, ist nicht so leicht zu verstehen. Deshalb muß man sich zuerst darin üben, die verständlicheren äußeren Veränderungen zu verstehen, und sich dann erst nach und nach der Aufgabe zuwenden, das sich wandelnde Innere zu überblicken. Mit welchen dieser beiden Aufgaben ihr euch auch beschäftigt, tut es aus ganzem Herzen zur Zufriedenheit eures eigenen Bewußtseins, nicht, um die

Wertschätzung anderer zu verdienen, sie zu erfreuen oder von ihnen als großer Gottliebender (*bhākta*) gepriesen zu werden. Eine solche Haltung wäre Verrat am eigenen Selbst, *ātmadroha*.

ॐ

Gott liebt das Innere, nicht das Äußere. Aber ihr solltet auch das Äußere nicht vernachlässigen; auch im Verhalten und Handeln nach außen solltet ihr das innere Empfinden offenbar werden lassen. Das gibt euch die Möglichkeit, das Gefühl von Stille und Frieden in vollerem Ausmaß zu erfahren; denn an diesem Frieden muß man sich in Gedanken, Worten, Gebärden und Handlungen erfreuen. Nur wenn Friede auf diesen vier Ebenen erfahren wird, ist er vollkommen, *paripūrna*; anders ausgedrückt: Dann hört das Denken und Fühlen (*manas*) auf, und das Stadium des wahren Friedens, der Vereinigung mit dem Göttlichen (*yoga*), ist erreicht.

Die gegenwärtige Welt ist voll von philosophischen Lehren, die nicht verstanden werden, von belehrenden Schriften, die nicht in die Tat umgesetzt werden – es ist Zeitverschwendung, darüber zu reden. Wirklicher Wandel muß im täglichen Verhalten und Tun geschehen; das ist innerhalb der Erfahrungsmöglichkeit eines jeden, ist leicht durchzuführen, und der Sinn ist klar zu begreifen. Erst wenn dieser Wandel vollzogen ist, kann man das innere Selbst (*ātman*), das tiefer, geheimnisvoller und wesentlicher ist, verstehen. Bei jeder kleinen Handlung, jeder Aktivität und jedem Wort sollte man vorher scharf unterscheiden und dann die beste Wahl treffen. Das ist das Zeichen eines echten spirituellen Suchers.

ॐ

Weder Friede noch die liebevolle Hingabe an Gott, die den Frieden bewirkt, kann man von jemand anderem bekommen, jeder muß diese für sich selber schaffen und entwickeln. Zusätzlich sollte noch etwas Grundlegendes, nämlich die Göttliche Gnade, vorhanden sein. Wie es in den Upanishaden heißt: „*Yam eva vrinute tena labhyah*", „Der, den Er erwählt, erhält sie". Aber der spirituelle Sucher (*sādhaka*) mag nun zweifeln: Warum ist dann noch spirituelle Disziplin notwendig? Wer mit Hingabe an den Herrn denkt, kann jede Art von angesammeltem oder ererbtem Karma (*prarabdha, samcita*) überwinden. Mit Seiner Gnade kann er sogar sonst unerreichbare Glückseligkeit (*ānanda*) erfahren. Zweifelt nicht an der Nützlichkeit geistiger Übungen (*sādhana*), sie sind niemals fruchtlos. Das gilt für jeden. Lebt beständig in dieser Überzeugung. Durch unerschütterliche Hingabe an Gott (*bhakti*) werdet ihr die Gnade Gottes gewinnen; die Geschichte von Gajendra ist hierfür ein Beispiel.

ॐ

Die Aufgaben, für die die Menschen geboren werden, sind verschieden, aber alle können nur von der gleichen Speise und dem gleichen Trank leben, vom Frieden; denn ohne Frieden gibt es keine Glückseligkeit (*ānanda*). Der Friede verschönt jede Tat, er besänftigt das härteste menschliche Herz, er trägt euch zum Fußschemel des Herrn und gewinnt für euch den Anblick Gottes. Der Friede kennt keine Unterschiede, er ist eine Kraft, die Gleichheit herbeiführt. Er ist der Honig der Liebe (*preman*) in der bezaubernden Blüte des Lebens. Er ist eine primäre Notwendigkeit für Menschen auf der Suche nach Gott und der Vereinigung mit Gott. Haben sie einmal inneren Frieden erworben, können sie die Wirklichkeit morgen, wenn nicht schon heute erkennen. Sie sollten alle Hindernisse auf dem Weg hinnehmen, der Friede wird ihnen die nötige Stärke geben. Nur durch Frieden allein kann sich Liebe zu Gott ausdehnen und Erkenntnis (*jnāna*) Wurzeln schlagen. Erkenntnis, aus Frieden geboren, ist das eine und einzige Mittel, ein erfülltes Leben zu leben oder ein Leben, das keinen Tod kennt; denn es ist die ständige Suche nach Antwort auf die Frage: „Wer bin ich?“, die den Weg zum Erkennen der eigenen Wirklichkeit bahnt. Dabei muß der Mensch geduldig und still warten und Vertrauen in die Gnade und Weisheit des Herrn setzen. Ein solcher Sucher wird immer ernsthaft und umkehrbereit sein. Noch durch eine andere Überzeugung wird der Mensch frei von Angst und deshalb voller Frieden werden: daß Gott überall ist, wahrnehmbar und gegenwärtig.

ॐ

Um Frieden zu erlangen, muß der Zorn, sein hartnäckigster Feind, abgelegt werden. Zorn ist das Produkt eines unzufriedenen Gemüts, er versklavt den Menschen und umnebelt seinen Verstand. Verstehen wird leicht, wenn ihr voller Gottesliebe seid und eure Hingabe tief verwurzelt ist. Die Form der Hingabe, die Frieden mit Liebe zu Gott vereint (*shānti-bhakti*), ist der beste Weg, um ewige, andauernde Glückseligkeit zu erreichen. Werdet zu Botschaftern des Friedens, der weder Anfang noch Ende hat. Laßt das Licht des Friedens für die Menschheit leuchten. Lebt ein ideales Leben, immer zufrieden, immer freudvoll, immer glücklich.

ॐ

Die Sucher (*sādhakas*) und Gottliebenden (*bhāktas*) früherer Zeiten erreichten ihr Ziel allein durch inneren Frieden. Dieser Friede gab Rāmdās, Tukārām, Kabir, Tyāgarāja, Nandanār und anderen die nötige Stärke, um all die Verleumdungen, Qualen und Mühen zu ertragen, die ihr Los waren. Wenn spirituell Suchende (*sādhakas*) ihre Anstrengungen auf diese Beispiele gründen, werden sie von Zorn, Verzweiflung und Zweifeln frei sein. Es ist für den Gottsuchenden nützlicher, über deren Kämpfe und Erfolge nachzusinnen, als über die Kräfte und Taten des Herrn. Es wird ihm helfen, die Methoden, die die anderen entwickelt haben, selbst zu erproben. Man kann inneren Frieden erringen, indem man sich erinnert, wie diese Vorbilder Belastungen überwanden, Not und Mühen ertrugen und auf welchen Wegen sie gingen, um ans andere Ufer zu gelangen.

Man wird finden, daß Friede das Hauptwerkzeug war, das sie aus den Schlingen von Zorn, Schmerz, Hochmut, Zweifel und Verzweiflung rettete. Deshalb, du Suchender, höre zu, mache dir das Werkzeug des Friedens durch die Gnade Gottes zu eigen. Richte alle Anstrengungen auf dieses Ziel.

Welche Schwierigkeiten auch auf euch zukommen, wie groß die Mühen sein mögen, haltet durch und gewinnt mit Hilfe ständiger Vergegenwärtigung des Ziels (*smarana*). Denkt an Bhīshma! Obwohl er auf einem Bett von Pfeilen hingestreckt lag, ertrug er die Qualen geduldig und wartete auf das Herannahen des glücklichen Augenblicks. Nie rief er in seiner Agonie nach Gott, seinem Leiden ein Ende zu machen. „Ich will alles ertragen, wie groß die Schmerzen auch sein mögen, wie lange auch die Qualen andauern. Ich werde still sein, bis der Augenblick kommt; nimm mich, wenn der Morgen dämmert“, sagte er. Denn Bhīshma war der Führer unter denen, die in Frieden und Hingabe an Gott lebten. Er war fest und unerschütterlich.

ॐ

Friede ist für jeden von Bedeutung, ihn zu haben, heißt alles zu haben, ihn nicht zu haben, heißt, die Freude an allen Dingen zu verlieren. Aber obwohl Friede der eigentliche Wesenszug des Menschen ist, wird er von Zorn und Habgier unterdrückt. Wenn diese Eigenschaften beseitigt werden, erstrahlt der Friede in seinem Glanz.

ॐ

Der Mensch muß stets ruhige, klare Gedanken haben. Nur dann kann sein Gemüt Gleichmut bewahren. Dies ist nur eine Frage geistiger Disziplin, die zwar anfangs schwierig ist; aber wenn man sie einmal beherrscht, ist man fähig, alle Ängste und Unruhen zu überwinden. Ein unerschütterliches Gemüt ist für jeden vorwärtsschreitenden Aspiranten sehr wichtig, es ist eine seiner nützlichsten Qualitäten. Ein solches Gemüt vermittelt wahre Stärke und wahres Glück. Strebt danach, es zu erwerben, auch wenn es in sieben Versuchen mißglückt. Ihr könnt sicher sein, beim achten Mal erfolgreich zu sein, wenn ihr euch durch nichts entmutigen laßt. Es lohnt sich, die Geschichte von Bruce in Erinnerung zu rufen, der sich von einer Spinne inspirieren ließ und beim achten Versuch die Ehren des Sieges errang. Was ließ ihm den Sieg zuteil werden? Innerer Friede und ein unerschütterliches Gemüt. Er gab der Verzweiflung, der Feigheit oder der Hilflosigkeit keinen Raum. Er war gleichbleibend ruhig und sicherte dadurch den Erfolg. Auch wenn ein Unglück hereinbricht, sollte der spirituelle Sucher (*sādhaka*) nicht den Mut verlieren. Das Denken und Fühlen muß immer rein, ungetrübt, ruhig und voller Stärke sein. Keine Tränen für die Vergangenheit, kein Schwanken bei der Ausführung der gerade vorliegenden Aufgabe, das sind die Kennzeichen eines Menschen auf dem Weg zu Gott. Seid bereit, jedem Hindernis auf dem Weg mit Freude zu begegnen. Nur Menschen mit einer solchen Haltung können das Ziel erreichen.

ॐ

Eine gehobene Stimmung über Gewinn, Freude und Beifall, Niedergeschlagenheit über Verlust und Elend sind die allen Sterblichen gemeinsamen natürlichen Eigenarten. Wodurch zeichnet sich dann der spirituelle Aspirant aus? Er sollte nie den Grundsatz vergessen: Sei wachsam und gerne bereit, das Unvermeidliche zu erleiden. Wenn ihr von Schwierigkeiten und Verlusten überhäuft werdet, verliert nicht den Mut und handelt nicht überstürzt, sondern meditiert ruhig darüber, wie es dazu kam. Versucht, einige einfache Maßnahmen zu entdecken, wie ihr – immer in einer Atmosphäre des Friedens – die Schwierigkeiten überwinden oder vermeiden könnt.

Wenn der Schlag gegen euren Kopf gerichtet ist, seht, daß nur der Turban getroffen wird. Das ist das Kennzeichen einer scharfen Intelligenz. Innerer Friede (*shānti*) ist eine Voraussetzung für diese Schärfe des Denkens. Hast und Unruhe bringen die Intelligenz nur durcheinander. Friede dagegen entwickelt alle heilsamen Eigenschaften im Menschen. Sogar die Fähigkeit der Weitsicht wächst durch Frieden; durch diese Gabe können Hindernisse und Gefahren vorhergesehen und vermieden werden.

ॐ

Spirituelle Sucher sollten nun einige wesentliche Punkte beachten. Jeder hat seine besonderen Probleme, die ihm eigenen

Schwächen, Fehler, Schattenseiten. Die Willenskraft (*icchā-shakti*) kann so gereinigt und gestärkt werden, daß diese Fehler nie mehr im Gedächtnis auftauchen. Wenn die Gedanken hinter den Fehlern herlaufen und sich damit beschäftigen, woher sie kamen und wann sie entstanden, ist man geneigt, sie wieder zu begehen. Hat man Fehler einmal als solche erkannt, warum sollte man sich noch um ihre Entstehung und Herkunft Gedanken machen? Stattdessen sollte sich der Geist mit guten Dingen beschäftigen. Was für einen Vorteil hat es, Zeit zu verschwenden an Dinge, die nicht länger notwendig sind? Denkt überhaupt nicht mehr daran. Der spirituelle Aspirant wird diese Haltung nützlich finden.

Wenn ein Gottsuchender (*sādhaka*) keinen Erfolg bei einer Disziplin hat, muß er nach dem Grund seines Versagens suchen und ihn kennenlernen. Diese Analyse ist notwendig. Als zweites muß er zusehen, daß er dem schädlichen Charakterzug nicht mehr nachgibt, er sollte sein Bestes versuchen, sich dagegen zu schützen. In solchen Dingen muß man flink und gewandt sein wie ein Eichhörnchen. Lebhaftigkeit und Wachsamkeit müssen darüberhinaus mit Verstandesschärfe einhergehen. Um dies alles zu erreichen ist innerer Friede (*shānti*) unabdingbar.

Stetige und zielstrebige Ernsthaftigkeit ist notwendig, um Konflikte im Denken und Fühlen zu vermeiden oder zu überwinden. Man muß ruhig und unerschütterlich bleiben. Mut, weiser Rat und Standfestigkeit stärken und kräftigen den Willen (*icchāshakti*). Ein leuchtendes Gesicht, ein strahlendes Auge, Entschlossenheit im Blick, eine edle Stimme, weitherziges Mitgefühl, unwandelbare Güte: Dies sind Kennzeichen einer sich entwickelnden und erweiternden Willenskraft. Ein Gemüt ohne Aufregung, eine freudvolle und untadelige Weltanschauung sind die Merkmale eines Menschen, in dem der Friede Wurzeln geschlagen hat.

ॐ

Der Gottliebende kann durchaus zum Herrn beten und Ihn um die Gabe eines solchen Friedens und um die Eigenschaften (*sadgunas*) bitten, die für sein Wachsen notwendig sind. Der Gottsuchende hat als Kapital zur Erreichung seiner Ziele wahrhaftig nur eines: das Gebet.

Manche mögen hier Zweifel anmelden: Welchen Nutzen hat das Gebet? Wird der Herr alles geben, um was wir in unseren Gebeten bitten? Er kann uns nur das geben, was wir nach Seinem Urteil benötigen, nicht wahr? Was für einen Zweck hat unter diesen Umständen dann das Gebet? Natürlich lassen sich all diese Zweifel ausräumen.

Wenn der Gottliebende (*bhākta*) alles, Körper, Geist und seine Existenz, Gott übergeben hat, wird Gott selbst für ihn sorgen, denn Er wird immer mit ihm sein. Unter solchen Umständen besteht keine Notwendigkeit für das Gebet. Aber habt ihr euch selbst so hingegeben und alles dem Herrn übergeben? Die Antwort ist: nein. Wenn es zu Verlusten kommt, ein Unglück geschieht oder Pläne schiefgehen, schiebt der Devotee die Schuld auf den Herrn. Andere wiederum beten zu Ihm, Er möge sie vor dem Unglück bewahren. Wenn ihr beides nicht tut und euch auch nicht auf andere verlaßt, dafür aber jederzeit vollkommenes Vertrauen in Gott setzt, warum sollte Er euch Seine Gnade versagen, warum sollte Er euch dann nicht helfen? Die Menschen verlassen sich nicht völlig unbeirrbar auf den Herrn. Deshalb betet weiter mit Hingabe und Vertrauen und stärkt euch in dem Bewußtsein, daß ihr als Beauftragte und Werkzeuge des Herrn handeln sollt. Vertrauen ist das Ergebnis inneren Friedens, nicht von Hast und Eile. Um die Göttliche Gnade zu erlangen und das daraus resultierende Erkennen der Wirklichkeit, ist zuerst innerer Friede notwendig.

Jeder spirituell Suchende weiß, wie Draupadī sich die Gnade des Herrn durch Einhalten der Göttlichen Ordnung (*dharma*) und inneren Frieden verdiente. Obwohl ihre Ehemänner mächtige Helden und weithin berühmte Herrscher waren, suchte sie bei Gott Krishna Zuflucht, weil sie spürte, daß ihr alle anderen nicht helfen konnte. Prahlāda hingegen suchte unter ähnlichen Umständen nicht einmal diese Zuflucht. Er hatte von Geburt an alles vollkommen dem Herrn übergeben; er wußte, daß Gott immer an seiner Seite und er an der Seite Gottes war; deshalb hatte er es nicht nötig, Ihn um Schutz anzurufen. Prahlāda nahm nichts anderes als das Göttliche wahr, er konnte nicht zwischen einem Wirken Gottes und einem anderen unterscheiden. Wie hätte er deshalb um Schutz beten sollen? Für solche Gott-trunkenen und Gott hingegebenen Seelen ist Gebet unnötig.

ॐ

Aber bis zum Erreichen dieser Stufe ist Beten in einer Haltung des Friedens für spirituelle Sucher wichtig. Beten in dieser Weise fördert Ausgeglichenheit (*samarasa*). Zu Gott kann man in verschiedenen Formen beten: durch Singen des Göttlichen Namens (*kīrtana*), Wiederholen des Göttlichen Namens (*japa*), Meditation (*dhyāna*) oder Singen von Liedern zum Lobe Gottes (*bhajana*). In jeder dieser Formen ist der wichtigste Bestandteil der Göttliche Name. Deshalb sprach Krishna in der Gītā vom Opfer des Namens Gottes (*japayajna*). Bei der Ausübung von *Japa* ist es besser, laut zu rezitieren und so ein Loblied (*bhajana*) daraus zu machen; das inspiriert die Anwesenden. Wenn Loblieder mit lieblicher Stimme gesungen werden, werden die Menschen zu Gott hingeführt. Nach und nach wird sich daraus Liebe zu Gott entwickeln, und Seine Gnade wird in entsprechender Ordnung folgen. Man sollte geduldig auf diese Gnade warten.

ॐ

Auch um mit der Göttlichen Gnade gesegnet zu werden, muß man inneren Frieden haben und geduldig sein. Nur in einer Haltung heiterer Gelassenheit erhält man die Früchte der spirituellen Übungen. Beherzigt diese Lehre bei den Übungen, mit denen ihr Tag und Nacht beschäftigt seid, und beim Sprechen des Friedensmantras. Der Friedensmantra lautet:

„Asato mā sad gamaya
Tamaso mā jyotir gamaya
Mrityor mā amritam gamaya."

Die Bedeutung dieses Mantras wird unterschiedlich erklärt, von manchen sehr ausführlich, von anderen wieder kurz und bündig.

Das erste Gebet bedeutet:
„O Herr, wenn mir die Dinge dieser Welt Glück bringen, mache mich diese unwirklichen Gegenstände vergessen und zeige mir den Weg zu dauerndem Glück."

Das zweite Gebet bedeutet:
„O Herr, wenn mich die weltlichen Dinge anziehen, nimm die Dunkelheit hinweg, die das alles durchdringende Göttliche Selbst (*ātman*) verbirgt, das die wahre Substanz jedes dieser Dinge ist."

Das dritte Gebet bedeutet:
„O Herr, segne mich durch Deine Gnade mit Unsterblichkeit oder höchster Glückseligkeit (*paramānanda*), die aus dem Erkennen des Glanzes des Göttlichen (*ātman*) hervorgeht, das jedem Objekt innewohnt."
Dies ist die wirkliche Bedeutung des Mantras.

ॐ

Der echte Gottliebende (*bhākta*) wird immer in Gott wohnen. Er hat keine Zeit, sein Wohlergehen oder seine Sorgen zu fühlen oder auch nur an sie zu denken. Den Herrn zu erreichen ist der einzige Gedanke in seinem Bewußtsein. Außer durch Beispiele ist es schwer, diese Einstellung zu vermitteln. Ein kleines Kind läuft furchtsam umher, ruft „Mama, Mama" und sucht nach seiner Mutter. Die Mutter schließt das Kind in ihre Arme und setzt es auf ihren Schoß. Das Kind hört auf zu schreien und hat keine Angst mehr. Ist das Kind in der Lage, nachzudenken und den Unterschied zwischen seinem vorherigen Zustand und der gegenwärtigen Erleichterung zu erfassen? Zweifellos nicht, und dies ist auch überhaupt nicht nötig.

ॐ

Wer immer danach strebt, Gott zu dienen, wird sich ganz in Sein Wesen versenken, wann immer sich dazu die herrliche Gelegenheit bietet; in Seiner Gegenwart kann keine Angst und kein Kummer ihn beunruhigen. Kummer und Sorgen beunruhigen nur so lange, bis das Ziel erreicht ist; dann aber ist alle Aufmerksamkeit auf das neue Erleben gerichtet, und die vergangenen Kämpfe und Mühen sind vergessen. Deshalb müssen alle spirituell Suchenden (*sādhakas*) und Gottliebenden (*bhāktas*) die tausend vorangegangenen Schwierigkeiten vergessen und nur mit Gedanken an den Herrn beschäftigt sein. Taucht ganz hinein in diese Gedanken und gewinnt Freude daraus.

ॐ

Hingabe an Gott beinhaltet noch ein anderes Geschenk: Sie ist Ursache und zugleich Wirkung, beide sind nicht voneinander getrennt. Völlige Hingabe an Gott ist bereits Selbstverwirklichung. Über den Weg des Wissens (*jnāna*) erreicht man die gleiche Erkenntnis, sobald der Vorhang der Unwissenheit (*ajnāna*) weggezogen wird.

Auf dem Weg der Hingabe (*bhakti*) gewinnt man nur aus der Quelle des Göttlichen Freude. Jedes Hindernis auf diesem Weg ist durch die Kraft des Bewußtseins (*cit-shakti*) überwindbar. Die Kraft des Bewußtseins wird durch Egoismus (*ahamkāra*) und Besitzdenken (*mamakāra*) geschwächt, durch Gefühle wie: „Ich bin der, der sich erfreut“, „Diese Dinge gehören mir“. Solange man in diesem Bewußtsein verharrt, ist man nicht wahrhaft zufrieden. Man wird angetrieben, nach Dingen zu suchen, die noch mehr Freude machen.

ॐ

Jeder, der sich dem Göttlichen überläßt, hofft letztlich, als Resultat seines spirituellen Weges die Freuden höchster Seligkeit zu erleben. Nun ist diese Seligkeit nicht etwas, das neu hinzugewonnen oder erworben wird, sie ist nicht eine neue Erfahrung, die durch spirituelle Disziplinen (*sādhana*) erst gewonnen werden muß. Sie ist schon immer bei einem selber, in einem selber; nur kann man sie wegen der Hindernisse des eigenen Ego, das wie ein verbergender Schleier wirkt, jetzt noch nicht genießen. Man muß diesen Schleier entzweireißen. Der Weg nach innen (*sādhana*) ist alles, was der Gottsuchende tun muß, dann erkennt er die schon immer existierende Seligkeit. Sie kommt nicht neu zum Vorschein, sie war immer schon da. Was kommt und geht ist der Schleier, bestehend aus „ich“ und „mein“, der die Seligkeit verdeckt.

Bei dem Versuch, den Schleier des Egoismus und des Besitzdenkens zu entfernen, sollte der Gottsuchende nicht verzweifelt handeln und sich übermäßig sorgen, wenn er die erwartete Seligkeit nicht gleich entdeckt. In solchen Zeiten ist innerer Friede eine unfehlbare Hilfe. Wenn man diesen Frieden schützt und hütet, wird man jede Aufgabe meistern, wie schwierig sie auch sein mag. Jeder ist berechtigt, diesen Frieden zu erwerben und in dieser Weise Nutzen aus ihm zu ziehen. Alle sind Kinder des Friedens, wie groß die Nachkommenschaft auch sei; Friede ist die Mutter eines jeden, für jeden, für alt und jung, groß und klein, für jeden in gleichem Maße. Wenn ihr nach Frieden ruft, ruft ihr nach eurer Mutter; ihr müßt sie als solche ansprechen. Die von Frieden genährten Kinder haben kein Leid und keine Sorge; sie genießen alle Arten des Glücks und legen schließlich ihren Kopf in vollkommener Zuversicht in den Schoß der Mutter.

Um eine solche perfekte Sicherheit zu erreichen, muß man dem Weg der vollkommenen Hingabe folgen, indem man sich völlig Gott übergibt. Sie ist auf keine andere Weise zu gewinnen. Der Weg höheren Wissens (*jnāna*) ist nur für einen aus einer Million gangbar, er ist praktisch für alle außer Reichweite. Wem wird es wohl gelingen, den Körper und die gegenständliche Welt zu negieren, die so offenkundig vor seinen Sinnen stehen, indem man stets „nicht dieses, nicht dieses“, „*neti, neti*“, wiederholt? Und wenn das unmöglich ist, wie kann man das *neti*-Argument sonst anwenden? Unter den gegenwärtigen Bedingungen ist der Weg des Wissens (*jnānamarga*) in der Tat ein extrem schwieriger Pfad. Der Weg des Handelns (*karmamarga*) ist ebenfalls nicht gut durchführbar; auch er ist voller Schwierigkeiten. Um die eigenen Aufgaben im richtigen Geist auszuführen, sind Liebe und Hingabe, *preman* und *bhakti*, für den Erfolg unerläßlich. Das Gleiche ist mit dem Weg des *Yoga* der Fall, er strotzt ebenfalls von Hindernissen. Aus diesem Grund ist der Weg der Hingabe (*bhaktimarga*) der glatteste, der am schnellsten zum Erfolg führende Weg, und er ist der, der am meisten Seligkeit bereitet.

ॐ

Aber auch diesen Weg der Hingabe (*bhaktimarga*) kann niemand genau definieren und abgrenzen. Da es viele Formen und Arten gibt, ihn zu erfahren, kann niemand ihn genau und vollständig beschreiben. Jeder Gottliebende (*bhākta*) empfängt nur durch sein individuelles Erleben Glückseligkeit (*ānanda*). Durch die Erlebnisse anderer Gottgeweihter kann man bestenfalls Ermutigung und Anleitung bekommen. Die Erfahrungen wechseln von einer Person zur anderen und entziehen sich deshalb einem Vergleich, sogar einer Beschreibung. Wenn jemand in der Lage ist, seine Erfahrung durch Beispiele zu beschreiben und einzugrenzen, kann man sicher sein, daß sein Erlebnis nicht echt ist. Die begrenzte Seele ist in die grenzenlose Liebe des Herrn eingetaucht. Wie sollen Worte dieses Erleben beschreiben können, das die Upanishaden „*akhandaikarasa*" nennen, den „ungehemmten Fluß der Lieblichkeit des Einen"? Der Mensch kann mittels der ihm zur Verfügung stehenden Sprache dieses Stadium grenzenloser Hingabe nicht ausdrücken. Durch äußere, mit den Sinnen erkennbare Anzeichen kann man wohl spüren, daß der Gottliebende (*bhākta*) in einem Zustand hoher Seligkeit ist; aber wer kann die Tiefe dieser Freude abwägen? Diese Seligkeit hat überhaupt keinen Bezug mehr zu den Sinnen. Die Freude aus der Hingabe an Gott muß durch eigenes Erleben erfahren werden, obwohl große Seelen euch durch ihre Beispiele den Weg ein wenig aufhellen können. Ihr könnt durch ihre Hilfe einen Teil dieses Weges begreifen, aber denkt stets daran, daß Worte versagen, wenn sie das Jenseitige beschreiben wollen. Sie sind nur für Zwecke der äußeren Welt nützlich; dagegen sind sie wertlose Instrumente in Erlebnisregionen, in denen Vergleiche unmöglich sind.

ॐ

Betrachtet dennoch ein paar solcher Schilderungen. Maitreyī, eine der führenden Gottgeweihten unter den Frauen, verglich das Gemüt eines Gottliebenden mit einem stillen See, das bedeutet: Alle Bewegung hat aufgehört. Das Denken und Fühlen wird inaktiv, sozusagen unwirksam, in sich verloren, zu nichts. Kapilamaharshi spricht über die gleiche Liebe zu Gott, indem er sie mit einem fließenden Strom vergleicht. Ströme und Flüsse wie die Gangā und Godarvi fließen ununterbrochen und ohne Rast oder irgendwelche anderen Gedanken dem Meer zu. Und in gleicher Weise sehnt sich der Gottliebende (*bhākta*) vom Moment seiner Geburt an, das Meer der Göttlichen Gnade zu erreichen. Hingabe an Gott ist dieser durch nichts unterbrochene Bezug zu Gott. Was immer man gerade tut, wo man auch gerade geht, das Bewußtsein verweilt allein bei dem einen Ziel: Gott zu erreichen. Im Devibhagavatam wiederum wird gesagt, Hingabe an Gott sei wie das Fließen von Öl von einem Gefäß in ein anderes (*tailadhāravat*). Das ist mehr oder weniger gleichbedeutend mit dem Bild vom Fluß. Shankara charakterisiert Hingabe in der Shivānandalaharī noch anders: Wie ein Stück Eisen zu einem Magneten hingezogen wird, so wird die individuelle Seele (*jīvin*) zum Herrn hingezogen und schmiegt sich fest an Ihn. Alle Unruhe im Denken und Fühlen hört auf, wenn man sich Gott hingegeben hat. Rāmānuja erklärte, daß Hingabe an Gott (*bhakti*) und von Liebe erfüllte Meditation (*dhyāna*) grundsätzlich das gleiche seien. Obwohl jeder die Hingabe an Gott anders interpretiert, sind alle Deutungen korrekt; denn sie gründen alle auf wirklichem Erleben, das nicht bestritten werden kann. Diese Beispiele der verschiedenen Arten des Erlebens sind keineswegs erschöpfend, es gibt noch viele mehr: Denn Hingabe hat viele Gesichter und es gibt tausend Ströme zum Ozean der Gnade des Herrn. Das Ziel aller Formen ist das Verschmelzen von individueller Seele und Göttlichem Ursprung, von *Jīva* und *Brahman*, das Erleben des Aufgehens ineinander.

ॐ

Viele sind entmutigt durch die Befürchtung, ein solches Verschmelzen sei jenseits des von ihnen in diesem Kali-Zeitalter Erreichbaren, wie sehr sie es auch versuchen mögen. Das ist jedoch nur eine Art Schwäche und nichts anderes. Es ist auch nicht eine Frage des betretenen *Yoga*-Weges. Welcher *Yoga*-Weg es auch sei, wenn man Vertrauen in sich selbst und in die heiligen Schriften (*shāstras*) hat, wird man das Ziel mit Sicherheit erreichen. Manche geben vor, Vertrauen in beides zu haben, zweifeln dabei aber die ganze Zeit in ihrem Herzen. Jeder kann für sich selbst an den Ergebnissen das Maß seines Vertrauens herausfinden. Wenn das Erlebnis der Vereinigung fehlt, dann kommt das von mangelndem Vertrauen. Das Vertrauen in sich und in die Schriften muß so mit einem verbunden sein wie der Lebensatem selbst. Nur dann kann man in spirituellen Disziplinen (*sādhana*) erfolgreich sein und die Vereinigung von

Mensch und Gott (*aikya*) erreichen. Freilich, wer kein Vertrauen hat, besitzt überhaupt nichts. Dann haben auch Ratschläge keinen Wert. Die gegenwärtigen Umstände kommen von den Menschen, die das Vertrauen in sich selbst und in die Schriften verloren haben. Auch diejenigen, die behaupten, Vertrauen zu haben, verhalten sich nicht entsprechend den Schriften und pflegen sie nicht. Als eine Folge davon haben das Gute und die Qualität der Reinheit und Ausgeglichenheit (*sattva*) die Welt verlassen, und schlechte Gewohnheiten und Entartung haben die Oberhand gewonnen. Wenn diese Atmosphäre umgewandelt werden soll und die Welt Sicherheit und Frieden genießen soll, muß jeder Gläubige (*āstika*), jeder fromme, gottesfürchtige Mensch Vertrauen in sich und in die Schriften kultivieren und in seinem eigenen Leben die Disziplinen befolgen, die von den Schriften vorgeschrieben sind. Natürlich mögen einige Modifikationen notwendig sein unter Beachtung von Ort, Zeit und Individuum, aber die grundlegende Zielsetzung und die wesentliche Bedeutung sollten nicht geändert werden. Die Mittel, mit denen jene Ideale erreicht werden sollen, mögen geändert werden, aber nicht die Ideale selbst.

ॐ

Ein Kind wehrt sich vielleicht, eine Pille zu schlucken, wenn es im Bett liegt und Fieber hat, und schreit statt dessen nach einer Banane. Wißt ihr, was da zu tun ist? Laßt die Pille nicht weg, sondern steckt sie in die Banane und gebt sie dem Kind zu essen. Sein Wunsch ist befriedigt, und das Fieber geht auch zurück. Das Grundsätzliche wurde nicht verlassen und blieb unverändert, nur die Methode der Verabreichung wurde abgewandelt.

In gleicher Weise hat es bei den verrückten Gewohnheiten und Verhaltensweisen von heute keinen Zweck, die heiligen

Schriften (*shāstras*) in einer Sprache anzubieten, die die meisten Leute nicht gewohnt sind. Man kann sie auch in leicht verständlicher Sprache erklären. Die Grundaussagen der Schriften werden hierdurch nicht beeinträchtigt. Dann werden sie eher praktiziert, verstanden und erlebt, und man kann sich daran freuen. Als eine Folge davon wird zugleich das Vertrauen in die Schriften gestärkt, und auch der Friede wird aufgrund dieses Vertrauens gefestigt. So muß jeder Gläubige (*āstika*) die wichtigen Anweisungen der Schriften in die Tat umsetzen und in seinem Leben die Schönheit einer solchen hingegebenen Lebensweise demonstrieren, damit alle anderen die Wahrheit und den Wert dieser Ideale und Disziplinen erkennen.

ॐ

Große Persönlichkeiten, die sich für sehr bedeutend halten, reden über die Veden, die Schriften und das Göttliche. Sie zitieren in reichem Maße die Gleichnisse und Bilder, die in Büchern enthalten sind, aber durch ihre Lebensweise vermindern sie deren Glanz. Was nützt es, wenn man bei geschlossenen Augen den übrigen Körper mit Lebensbewußtsein erfüllt? Nicht einmal einen Schritt vorwärts kann man tun. Ähnlich gilt es für das Vertrauen. Wie soll man – wenn man dazu aufgefordert wird – den Worten Taten folgen lassen, wenn das „Auge" des Vertrauens in die Schriften geschlossen ist?

Deshalb sollten Leser, die Sucher auf der geistigen Ebene sind, vom heutigen Tage an versuchen, die grundsätzliche Bedeutung der Schriften zu begreifen, denn sie sind ein geistiger Führer auf dem Weg. Dem, der nicht an sie glaubt, wird sich die Wirklichkeit entziehen. Um sie zu verstehen, braucht man Frieden und Stärke; innerer Friede (*shānti*) ist wirklich sehr hilfreich dabei. Wenn große Persönlichkeiten den Unwissenden die Schriften in einfacher, verständlicher Sprache erklären, werden Unzufriedenheit und Ruhelosigkeit verschwinden, und der Glaube an Gott wird wachsen. Der Einklang der Menschen untereinander wird zunehmen. Die Pflege der heiligen Schriften wird das Wohlergehen der Welt fördern.

Um die Schriften zu pflegen, sprich die Wahrheit (*satyam vada*); um die Welt zu pflegen, sprich freundlich (*privam vada*). Wenn beides im Auge behalten und praktiziert wird, ist keine größere Disziplin nötig. Aber nur in einer Atmosphäre des Friedens können solche heiligen Grundsätze in die Tat umgesetzt werden.

ॐ

Um die nötige innere Stille zu erreichen, ist stetige Übung und innerer Einklang von Bedeutung; das gilt gleichermaßen für die Pflege der Schriften wie für die der Welt. Wenn man voller Frieden ist, ist alles Einklang (*samarasa*). Einklang ist die wahre Natur des Friedens. Jeder sollte mit diesem Frieden und diesem Einklang erfüllt sein und ein Zeitalter des Glaubens (*āstika*) errichten helfen, in dem alles, Verhalten, Einstellung, Lebensführung, Gewohnheiten und Charakter, mit den Schriften übereinstimmt.

ॐ

Zu diesem Zweck muß ein Heer von spirituell Suchenden, die auf verschiedenen Gebieten arbeiten, in *Āshramas* und in Glaubenszentren ausgebildet werden. Das ist hauptsächlich die Verantwortung derer, die *Āshramas* betreiben. Sie müssen Selbstvertrauen haben, damit sie die spirituellen Schüler nach einwandfreien Richtlinien unterrichten, sonst werden die Dinge nur noch mehr verwirrt. Die Ältesten und die „Großen“, die sogenannten bedeutenden Persönlichkeiten, sind durch ihre derzeitigen Praktiken verantwortlich für den augenscheinlichen Verlust an Vertrauen in die Schriften, den Verlust an Selbstvertrauen und die daraus folgende Uneinigkeit und Unruhe. Von jetzt an müssen alle sich aufmachen, um den Frieden wieder zu begründen und zu kräftigen.

ॐ

Hingabe an Gott ist der wahre Urquell dieses Friedens; und deshalb kann eine Ernte von Güte und Eintracht eingefahren werden, wenn jeder diese Hingabe in sein Herz pflanzt und mit Sorgfalt und beständiger Aufmerksamkeit pflegt. Der Weg der Hingabe (*bhakti*) ist der beste unter den gegenwärtigen Bedingungen.

ॐ

Das ist der Grund, warum das Bhāgavata, eines der wichtigsten Heiligen Bücher (*purānas*), das insbesondere die Taten Krishnas beschreibt, so vom Geist liebevoller Hingabe durchdrungen ist. Ohne Liebe zu Gott kann Er nicht erkannt werden. Göttliche Energie (*shakti*), wie hoch und mächtig sie auch sei, muß selbst menschliche Form annehmen, wenn sie die Welt beschützen und fördern will. Nur diese menschliche Form schafft die Voraussetzung, daß alle auf sie hören und von ihr lernen, sie ehren und ihr dienen können. Diejenigen, die keine Liebe zum Göttlichen haben, werden diese Form lediglich als die eines Menschen ansehen, denn sie können das absolute Prinzip (*paratattva*) nicht begreifen. Das ist der Grund, weshalb in der Gītā Kap. 9 Vers 11 gesagt wird: „*Avajānanti mām mūdhā, mānushīm tanum āshritam; param bhāvam ajānanto, mama bhūta-maheshvaram*" – „Toren verspotten Mich, wenn Ich in menschlicher Gestalt herabsteige. Sie wissen nicht, daß Ich, als der höchste Herr über alles Seiende, von transzendentalem Wesen bin."

ॐ

Die Menschen versagen darin, in derart unschätzbar wertvolle Erklärungen stetes Vertrauen zu setzen. Das ist das schlimmste Sakrileg. Richtig beurteilt ist Indien (*Bhāratadesha*) das heiligste aller Länder. Die bedeutungsvollen Riten und Disziplinen des Opferns (*yajna*) und der Suche nach Gottvereinigung (*yoga*), die aus Indien stammen, die Lebensweise, die die Menschen hier führten, sind in keinem anderen Land und auch nicht in der Geschichte irgendeines anderen Volkes zu finden. Was für eine intensive Geisteskultur und in höchstem Grade nutzbringende geistige Literatur wuchs aus den Erfahrungen der Menschen dieses Landes! Es nimmt in diesem Bereich den allerersten Platz ein. Die vier Veden, die sechs Darshanas, die achtzehn Purānas, die Bhāshyas der Ācāryas entstammen dieser Kultur, und darüberhinaus die Disziplinen und Methoden des spirituellen Weges (*sādhana*), erläutert von großen Seelen, die Fragen wie diese beantworten konnten: „Was ist der Sinn des Lebens? Was bedeutet Gott? Welche Umwandlungen finden im Menschen bei seinem Tod statt?" Kein anderer Platz ist den Weisen (*rishis*) und großen Seelen (*mahātmas*) so angemessen wie dieses Land. Hier gibt es Menschen, die die ganze Skala spiritueller Seligkeit erfahren haben. Dieses Land spielte die Hauptrolle bei der Verbreitung der Lehre von der Gewaltlosigkeit (*ahimsā*), die der Buddhismus lehrt. Das Land, in dem Buddha geboren wurde, ist Indien. Die geistige Erfahrung, die Essenz der Schriften (*shāstras*) dieses heiligen Landes, die das ewige Göttliche Gesetz (*sanātana dharma*) lehren, werden von anderen Ländern geschätzt. Was wird das Schicksal derer sein, die seinen Wert nicht erkennen, sondern nur damit beschäftigt sind, die Essenz dieser Erfahrung herauszupressen und das Land dadurch auszutrocknen?

ॐ

Deshalb erhebt euch, ihr alle, die ihr euch aufmacht, den Weg zu Gott, den Weg spirituellen Wachstums und geistiger Übung zu gehen (*adhyātmika sādhana*). Taucht hinein in die wirkliche Ausübung all dessen. Stärkt euer Vertrauen, kultiviert es. Macht den Frieden zu eurem sicheren Besitz. Füllt euer Leben mit Glückseligkeit (*ānanda*). Erfreut euch an der Vision des höchsten Göttlichen Selbst (*ātmarama*)! Erhebt euch und verliert keine Zeit.

ॐ

Den Gedanken und den Gefühlen sollte nicht gestattet werden, nach ihren Launen umherzuschweifen. Beide müssen ohne die leiseste Spur von Barmherzigkeit unter Kontrolle gehalten werden. Wenn möglich, sollte man sogar ihre Vernichtung erreichen, was soviel besagt wie das Denken und die Gefühle von jedem Kontakt mit weltlichen Objekten fernzuhalten. Warum? Nur wenn das erreicht ist, kann der Mensch seine wahre Identität erfassen. Das Erkennen seiner eigentlichen Wirklichkeit ist das Stadium, das Befreiung, *mukti*, genannt wird. Dann sind alle Arten von Schwierigkeiten und Mühen, Zweifeln und Zwiespälten zu Ende. Der Mensch überwindet dann Sorgen, Täuschungen und Ängste und ist in der heiligen Stille des Friedens begründet.

Gebt zuerst alle unreinen Neigungen auf und kultiviert die reinen. Danach versucht, Schritt für Schritt sogar diese aufzugeben und macht den Geist leer von allen Dingen (*nirvishaya*). So erreichter Friede ist strahlend, voller Seligkeit und mit Weisheit verbunden, wahrhaftig das Erleben der Gottheit, Gottes selbst.

ॐ

Der spirituelle Aspirant, der diesen Frieden erreichen möchte, muß alle anfänglichen Hindernisse überwinden und beständig ein tugendhaftes Leben führen. Innerer Friede ist ein Berg aus Fels. Er hält den ständigen Fluten der Versuchung des Bösen stand. Diesen höchsten Frieden (*prashānti*) braucht man nirgendwo außerhalb zu suchen, er entströmt den inneren Regionen des Menschen (*antah-karana*). Er ist die eigentliche Grundlage des Dranges zur Befreiung. Er ist die Wurzel tiefgegründeter Meditation (*dhyāna*). Er ist die Grundvoraussetzung für die höchste Bewußtseinsstufe der Einswerdung mit Gott (*nirvikalpa-samādhi*). Wenn man im Frieden fest verankert ist, kann man die Wirklichkeit erkennen und erleben, und alle seelischen Wogen kommen zum Stillstand. Höchste Seligkeit (*ātmānanda*), die Seligkeit des Erkennens der eigenen Wirklichkeit, wächst im gleichen Maße, wie die Ich-Bezogenheit und die Identifizierung mit dem physischen Körper abnehmen.

ॐ

Gestaltet euer Verhalten nicht nach den Meinungen anderer. Folgt statt dessen mutig, froh und konsequent den liebevollen und freundlichen Aufforderungen eures eigenen reinen (*sattvika*) Denkens und Empfindens (*manas*), eures eigenen erwachten Bewußtseins, eures eigenen inneren Selbst. Schließt euch Menschen an, die voller Wahrheit sind. Verwendet jede

Sekunde eures Lebens nützlich und gut. Wenn ihr die Gelegenheit dazu habt, dient anderen. Betätigt euch in der Krankenpflege; aber wenn ihr so dient, macht euch keine Gedanken über das Ergebnis, über die Handlung des Dienens oder über den Menschen, dem der Dienst gilt. Dienen wird heilig und rein, wenn ihr sowohl das Gute als auch das Schlechte ignoriert. Wiederholt in eurem Herzen schweigend den Mantra, der euch zusagt. Geht nicht aufgrund des momentanen Zwanges irgendeines Impulses an eine Aufgabe heran. Der Impuls mag recht anerkennenswert sein, aber ihr solltet euch nicht einfach von ihm ziehen lassen. Ihr müßt in dieser Hinsicht immer wachsam, standfest und stark sein.

Eine freudevolle Einstellung zum Leben fördert das Wachsen des Friedens, der Gottsucher sollte sie deshalb pflegen. Sein Wesen sollte frei sein von Pomp und Show. Er sollte die Bedeutung des Charakters verstehen und seinen Willen stärken, ihn zu verbessern. Der Mensch kann die Wahrheit des Ausspruchs: „Der Mensch ist wahrhaftig von Natur aus Friede“ sichtbar machen, wenn er sich intelligent und mit Sorgfalt in der Welt bewegt. Zum Beispiel sollte keine wertvolle Zeit für wertloses Reden verschwendet werden. Ein Gespräch sollte freundlich und zielgerichtet sein, dann kann es höflich und einfach gehalten werden, und der Friede wird gefestigt.

ॐ

Wenn man alles dem Göttlichen hingegeben hat, bleibt kein Raum für Unruhe oder Sorge, auch nicht für freudige Erregung. Wenn ihr euch derart von Bindungen befreit, gibt es auch keine Störung des Friedens mehr. Wenn aber „ich, mein, das Meinige, mein Eigentum, ihr, euer. . .“, wenn diese Gedanken sich im Bewußtsein festsetzen, erleidet der Friede einen Rückschlag. Um zu der Haltung zu gelangen, dem Herrn aufrichtig alles zu opfern, ist vor allem Liebe erforderlich. Liebe (*preman*) gepaart mit dem Vertrauen ins eigene Selbst, das ist es, was Hingabe (*bhakti*) genannt wird. Übt dies beständig jeden Tag und freut euch daran. Zugleich sollten eure Gedanken und Gefühle von Gleichmut (*samarasa*) geprägt sein, man sollte eine Vision der Gleichheit haben, aus der Überzeugung heraus, daß grundsätzlich alles eins ist. Spirituelles Leben ist nicht eine Sache von bedeutungslosem Gerede; es ist das wirkliche Leben, das im Bewußtsein des Göttlichen (*ātman*) gelebt wird, es ist das Erleben reiner Glückseligkeit (*ānanda*); es ist nur ein anderer Name für das Leben in der Fülle.

ॐ

Für ein Leben im Frieden solltet ihr immer eure Versprechen halten und sie nie vergessen. Ihr solltet höflich sein, euch gut verhalten und unparteiisch handeln. Ihr solltet in den Ozean der Gottesliebe getaucht und so unerschütterlich wie der Himālaya sein. Entfernt die dornigen Sträucher aus dem Garten eures Herzens, die Sträucher der Habgier und des Zorns, der Eifersucht und der Selbstsucht, die böse Brut von „ich“ und „mein“. Reißt sie bereits aus, wenn sie als Sämlinge erscheinen. Jede dahingehende Disziplin ist wahrhaftig eine Disziplin, um Frieden zu gewinnen.

ॐ

Seid als erstes davon überzeugt, daß ihr das universelle, unsterbliche Göttliche Selbst (*ātman*) seid; das wird jede nachfolgende spirituelle Übung (*sādhana*) erleichtern. Wenn ihr statt dessen die Illusion pflegt, daß ihr der Körper seid, die Sinne oder nur die verkörperte Seele (*jīvin*), dieses individuelle Ich, bleibt alle Übung, die ihr ausführt, nur eine grüne, schon angefaulte Frucht; sie wird nie wachsen und reif werden. Die süße Frucht des Friedens kann dann nicht geerntet werden, nicht einmal am Ende vieler Leben. Um euch selbst als die Verkörperung des Friedens zu erleben, müßt ihr in dem Glauben wachsen, daß ihr in Wahrheit solch eine Verkörperung seid. Gebt die Theorie auf, daß ihr der Körper und die Sinne seid; das wird auch zum Schwinden der Wünsche führen. Wenn die Wünsche vergehen, könnt ihr die Meisterschaft erwerben und Frieden erringen.

ॐ

Friede kann auch als wahre Liebe zum Göttlichen definiert werden, zur Wahrheit selbst und zur wahren Ordnung (*dharma*). Deshalb macht Friede das Erkennen Gottes möglich. Nehmt deshalb Gott zum alleinigen Ziel, haltet an dem Wunsch fest, Ihn in diesem Leben zu erkennen, bleibt unberührt von Lust oder Habgier, von Freud und Leid, Lob und Tadel oder von irgendeinem anderen Paar von Gegensätzen. Nur diese Stärke führt zum Erkennen der Wirklichkeit.

ॐ

Seid euch darüber im klaren, daß es der Zweck der menschlichen Geburt ist, durch Hingabe zu Gott zu gelangen. Alles Erleben, alles Wissen, alle Handlungen müssen dahin gerichtet sein. Alles, was ihr eßt, alles, was ihr hört, muß diesem Ziel gewidmet sein. Der Göttliche Name ist wie ein Berg aus Zucker. Kommt her zu diesem Berg, habt Glauben an ihn, schmeckt ihn überall und erlebt Glückseligkeit (*ānanda*). Der größte Gottgeweihte (*bhākta*) ist der, der ständig diese Seligkeit genießt. Es gibt andere, die leben neben dem Berg, freuen sich für gewisse Zeit an der Seligkeit des ständigen Er-Innerns an Gott, wenden sich aber zu anderen Zeiten wieder den Dingen der Welt zu. Solche Verehrer des Herrn (*bhāktas*) sind von der mittleren Klasse. Manche der übrigen widmen ein Viertel ihrer Zeit Gott und drei Viertel der Welt; das ist die untere Klasse der *bhāktas*. Und wieder andere suchen am Fuße des Berges, beim Namen Gottes, Zuflucht, wenn Unglück auf sie zukommt, entfernen sich dann aber wieder weit, wenn die Krise vorüber ist. Die höchste dieser vier Kategorien der Gottliebenden hält beständig an dem Weg der Hingabe an Gott fest und freut sich das ganze Leben hindurch an dieser Seligkeit. Um auf diesem Weg zu bleiben, ist innerer Friede der beste Kamerad; mit seiner Hilfe könnt ihr euer Leben heiligen und seinen Zweck erreichen.

ॐ

Ein Gesichtspunkt muß hierbei jedoch sorgfältig beachtet werden. Wenn der Körper an Fieber leidet oder die Sinne anderweitig abgelenkt sind, empfindet ihr nicht den Geschmack der Dinge, die ihr eßt; und genauso ist es, wenn der Göttliche Name geäußert wird. Wenn das Herz mit Stumpfheit (*tamoguna*) behaftet ist, oder wenn der Geist anderweitig abgelenkt ist, nehmt ihr nicht die Schönheit des Namens wahr. Solange der Zucker auf der Zunge liegt, empfindet ihr die Süße des Geschmacks; ähnlich fühlt ihr Glückseligkeit (*ānanda*), solange das Herz voll Hingabe, Friede und Liebe ist.

Wenn statt dessen die bitteren Eigenschaften Lust, Zorn und Neid im Herzen keimen, kommen Furcht, Angst und Trägheit als Früchte zum Vorschein. Ihr müßt schon beobachtet haben, wie ein Kranich behutsam schreitet oder bewegungslos steht, wenn er Fische fangen will. Wenn er kopfüber ins Wasser springt oder holterdipolter umherrennt, wird er da wohl einen

Fisch fangen? Gleichermaßen kann der Herr in Seinen „Fischformen“ von Wahrheit (*satya*), Göttlicher Ordnung (*dharma*), Frieden (*shānti*) und Liebe (*preman*) niemals erreicht werden, wenn der Lärm von Lust, Zorn, Habgier und Egoismus im Herzen tobt.

ॐ

Jene Glückseligkeit (*ānanda*), die jede andere Seligkeit übertrifft, ist erreichbar, wenn man eine einzige spirituelle Disziplin, die konstante Erinnerung an den Namen Gottes, ausübt und als eine Folge davon zu Frieden kommt. Dadurch werden auch die negativen Tendenzen der niedrigeren Natur besiegt. Seid euch bewußt, daß das Ziel des Menschen das höchste Selbst ist (*paramātman*), richtet alle Aufmerksamkeit auf dieses Ziel, haltet das Denken, das davon abschweifen will, unter Kontrolle – das ist die Essenz der Lehren aller heiligen Schriften (*shāstras*). Praktiziert diese eine Disziplin, und ihr habt damit die Lehren aller heiligen Schriften praktiziert.

ॐ

Bedenkt folgendes: Die Kauravas erfreuten sich der Früchte des Guten (*punya*), das sie in früheren Leben getan hatten; aber währenddessen verübten sie schlechte Taten. Die Pāndavas andererseits, die unter den schlechten Taten ihrer vergangenen Leben litten, beschäftigten sich mit guten Taten. Das ist der Unterschied zwischen dem Klugen und dem Unklugen. Wenn Leid über euch kommt, wißt, daß das die Folge eurer vergangenen Handlungen ist. Schiebt nicht die Schuld auf den Herrn und entwickelt keine Abneigung gegen Ihn. Schenkt den Plagen keine Beachtung oder seht sie nicht als solche an, sondern beschäftigt euch mit dem Dienst an anderen und mit verdienstvollen Taten, fahrt fort, euch auf den Namen Gottes als Stütze zu verlassen. Das ist das Zeichen des Klugen, das ist Pāndava-Art. Für die Stärkung dieser Haltung ist innerer Friede (*shānti*) eine große Hilfe. Während ihr euch in dem aus guten Taten stammenden Glück sonnt, solltet ihr euch nicht zu schlechtem Tun verleiten lassen. Ihr solltet danach streben, noch mehr Verdienstvolles zu vollbringen. Dann könnt ihr euer Leben heiligen und reinigen und die Göttliche Gegenwart erreichen. Solches Streben ist ein Zeichen höchsten Charakters. Sich selbst durch einen solchen Charakter im Frieden zu festigen und die Befreiung (*moksha*) zu erreichen, ist das Geheimnis eines erfolgreichen Lebens, die Pflicht jedes einzelnen.

ॐ

Denn was ist Befreiung, *moksha*, genau? Es ist die Einswerdung (*samādhi*) oder der Friede, den man durch die Reinigung des inneren Menschen (*citta-shuddhi*) erreicht, durch die spirituelle Disziplin (*sādhana*), die die Eindrücke vernichtet, die man durch Sehen, Hören, Lesen, Lernen, Tun und Erleiden empfängt. Jemand, der physische Qualen erleidet, hat nicht das geringste Interesse an Unterhaltung, nicht wahr? Ähnlich kann ein ernsthafter Sucher und Anhänger kein Interesse am Theater der Welt, an äußerlichen Vergnügungen und an niedrigen Leidenschaften haben. Diese minderwertigen Wünsche müssen zuerst unter Kontrolle gebracht und abgelegt werden. In ihnen liegt die Wurzel allen Übels. Leidenschaft ist das Ergebnis von Täuschung. Sie gehört in den Bereich weltlicher Eigenschaften (*rajas*). Entsagung (*vairāgya*) ist bei den reinen (*sattvika*) Eigenschaften beheimatet. Leidenschaft ist von schädlicher Natur (*āsura*). Leidenschaft, Unwissenheit, Egoismus, alle entstehen aus der Täuschung; Leidenschaft führt zum Tod, während Loslösung die Befreiung herbeiführt; sie ist Weisheit.

ॐ

Sich selbst in der Haltung der Entsagung zu festigen, ist die höchste Selbstdisziplin (*tapas*), das strengste Gelübde. Man muß in dieser Disziplin immer wachsam sein und wieder und wieder darum ringen. Wie ein Kind, das laufen lernt, werdet ihr ein paar Schritte taumeln, straucheln und fallen; aber wie das Kind müßt ihr euch wieder mit einem Lächeln erheben und von neuem beginnen. Innerer Friede ist wichtig für eine solche Ausdauer. Fehlschläge sind keine Felsen, die euren Weg blockieren. Denkt daran, es sind die Stufen zum Sieg.

ॐ

Seid immer auf dem Weg zum Göttlichen in euch (*ātman*), nehmt Rast und Zuflucht im wahren Sein (*tat*), meditiert unablässig darüber. Dann werden sich alle Fesseln von selbst lockern; denn das Band, mit dem ihr euch an den Herrn oder an das Göttliche bindet, hat die Macht, alle anderen Fesseln zu lösen.

Wer innerlich frei von Bindungen ist, bringt allen und allem wahre Liebe entgegen. Die Liebe solcher Menschen ist nicht nur rein, sie ist auch Göttlich. Sie ist die Verkörperung des Friedens. Man kann ohne jeden Zweifel den Herrn erreichen, wenn man sich frei macht von allen Erregungen, Leidenschaften und Bindungen und die oben im einzelnen beschriebene Handlungsweise praktiziert.

ॐ

Loslösung bedeutet selbstverständlich nicht das Aufgeben von Heim und Herd oder von vielen Gütern oder gar Königreichen. Es ist das Verständnis der allen Dingen innewohnenden Göttlichkeit, das Verblassen all der Unterschiede der Namen und Formen, die Seligkeit, in jedem und überall das Göttliche zu erleben, das die Realität in allem ist. Das ist die wahre Bedeutung der geistigen Wahrheiten, der Entsagung und Loslösung vom Weltlichen. Solange man diese Welt der Namen und Formen im Bewußtsein hält, ist man mit der Bindung an Vergängliches belastet. Wie kann man von Ungebundenheit sprechen, wenn das Bewußtsein in Gedanken, Empfindungen und Erlebnisse der äußeren Welt getaucht ist? Man kann alles aufgegeben haben und doch voll davon sein. Man kann dann nicht behaupten, die Qualität der Entsagung zu besitzen. Gerade für das Erlangen dieses reinen Geistes der Entsagung ist innerer Friede überaus notwendig.

ॐ

Das Meer ist eine Einheit und unteilbar, aber man nennt es hier die Nordsee, dort die Südsee. Genauso ist der Herr, das Meer der Gnade, unteilbar, aber man hat Ihm, je nach Zeitalter, verschiedene Namen gegeben. Die heiligen Flüsse, die das Meer zu erreichen suchen, fließen aus allen Richtungen; ebenso sucht die Menschheit Gott mittels unterschiedlicher geistiger Disziplinen, bis sich schließlich alle mit Krishna vereinigen.

ॐ

Die Menschheit kann nur durch Einheit und niemals durch Zersplitterung glücklich werden. Solange die Gedanken und Gefühle auf den Straßen der Unterscheidung und Trennung einhergehen, ist das Glück außer Reichweite, und es ist kein

Friede zu finden. Ohne Frieden hat der Mensch keine Chance, immer voller Freude zu sein. Seht den Einen unteilbaren Ozean als Ziel; welche Rolle spielen dann die Richtung, in der die Flüsse fließen oder ihre Namen, wenn sich doch alle mit demselben Meer vereinigen?

Wenn spirituell Suchende (*sādhakas*) oder Gottliebende (*bhāktas*) auf den Wegen der Hingabe (*bhakti*), der Vereinigung mit Gott (*yoga*), des Friedens, der Rechtschaffenheit, der Wahrheit und der Liebe schließlich das Meer der Gnade erreichen, verblassen Name und Form. Unterscheidungen verschwinden; alle sind gesegnet durch das Einswerden im Meer des Friedens. Deshalb müßt ihr stets die Einheit vor Augen haben. Nährt nie Ideen der Unterschiedlichkeit, der Verschiedenheit der Namen und Formen des Göttlichen, der Unvereinbarkeit der verschiedenen Wege. Solche Gedanken sind Hindernisse für das Erlangen der Seligkeit. Vermeidet diese Hindernisse, entwickelt die Einstellung, daß alle Menschen gleich sind und alles eins ist. Denkt daran, der Friede ist die königliche Straße, um diese Einstellung zu stärken und das Meer der Gnade zu erreichen.

ॐ

Damit die Menschheit sich am Frieden freuen kann, muß sie den Idealen der Göttlichen Ordnung gemäß geführt und geleitet werden. Der Ausgangspunkt dazu ist die gegenseitige Toleranz innerhalb der Familie, und diese wiederum gründet sich auf das sanfte und rücksichtsvolle (*sattvika*) Verhalten des einzelnen, das zum Ziel hat, jeden zu erfreuen. Ein derartiges Verhalten ist von ganz eigener Anmut. Vermeidet in eurem Reden und Handeln jede Spur eines Wunsches, anderen weh zu tun, sie zu beleidigen oder für Verlust und Not anderer die Ursache zu sein. Findet die besten Mittel heraus, euch in diese Richtung hin zu verändern, praktiziert diese Art zu leben, laßt davon ab, euch und euren eigenen Wert zu verletzen und geht stets die Straße der Wahrheit. Das ist wahrhaftig der Weg der Schönheit, das ist ein wahrhaft anmutiges Verhalten.

ॐ

Dazu bedarf es der Großherzigkeit. Sie ist nur zu erreichen, wenn jede Handlung auf Reinigung des Herzens und Hingabe und Liebe zu Gott gerichtet ist. Durch Hingabe an den Herrn (*bhakti*) erwirbt man Demut, Furcht vor Sünde und Vertrauen in die Schriften. Durch diese Eigenschaften wird die Engherzigkeit aus dem Denken und Fühlen vertrieben, und das Herz wird weit. Deshalb, ihr Sucher, richtet euer Bemühen zuerst auf den Erwerb von Vertrauen in Gott und Furcht vor Absonderung von Ihm. Beides wird die Sanftmut fördern, und, denkt daran, Sanftmut ist Friede.

Einige von denen, die keine Erfahrung haben und ihre Worte nicht in die Praxis umzusetzen pflegen, gehen umher und erklären, der Weg zu innerem Frieden bestehe darin, weltliche Tätigkeiten von sich fern zu halten. Das ist kein Friede; es ist genau das Gegenteil. Wenn man den Samen auch weit vom Baum wegbringt, wird er doch wieder zu einem Baum werden. Wenn ihr nicht wollt, daß dies geschieht, müßt ihr ihn kochen oder über einem Feuer rösten. In gleicher Weise müssen die keimenden Impulse und Wünsche im Feuer der Urteilskraft verbrannt werden. Nur dann kann wirklicher Friede entstehen. Wenn man sich hingegen nur von der Verantwortung der weltlichen Tätigkeit oder von dem Leben in der Gesellschaft zurückzieht, wird man sich nicht am Frieden erfreuen können, denn er wird so nie zustande kommen. Wenn aber die Wünsche beherrscht und beseitigt werden, ist es überhaupt nicht nötig wegzulaufen. Man sollte danach streben, Wahrheit (*satya*), ein Leben gemäß der Göttlichen Ordnung (*dharma*), Liebe (*preman*) und Toleranz (*sāhana*) zu kultivieren, indem man zufrieden ist mit dem, was man hat, es ablehnt, wegen des Fehlens von Dingen, die man nicht hat, bekümmert zu sein und ständig versucht, soweit als möglich Wünsche, Leidenschaften und alle Arten von Groll abzubauen und auszurotten. Kultiviert diese Eigenschaften systematisch und setzt sie in eurem Leben um.

ॐ

Darin besteht die wahre Aufgabe des Menschen, der wirkliche Zweck des menschlichen Lebens. Wenn Wahrheit, Rechtschaffenheit, Liebe und Toleranz von jedem zunächst für sich selbst entwickelt und praktiziert werden, wird es keinen Neid der Menschen untereinander geben, das selbstsüchtige In-Besitz-nehmen wird aufhören, die Interessen anderer werden respektiert werden, und auch der Weltfriede ist realisierbar. Wenn ihr hingegen selbst keinen Frieden habt, wie wollt ihr den Weltfrieden herbeiführen? Die, die sich enthusiastisch für den Weltfrieden einsetzen, müssen zuerst lernen, diesen Frieden selbst zu erleben und zu genießen; dann erst können sie diesen Frieden nach außen verbreiten und helfen, ihn zu fördern.

ॐ

Heute könnt ihr überall den Ruf nach „Frieden in der Welt“ hören; aber die Zahl derer, die euch sagen können, wie er zu erreichen ist, ist sehr klein. Es gibt niemanden, der wirklich korrekt schildern kann, was unter Frieden (*shānti*) genau zu verstehen ist. Denn wenn jemand wahren Frieden erlangt und erlebt hat, nimmt er den Aufruhr und die Konfusionen der Welt überhaupt nicht wahr. Ihr nehmt die Abwesenheit des Friedens außen gar nicht wahr, wenn ihr ihn innerlich besitzt. Friede bedeutet das Aufgeben der Aktivitäten der Sinne. Wie könnte solch ein Friede, den ein einzelner erreicht hat, von ihm verbreitet und gefördert werden? Man kann Frieden erleben, aber es ist nicht möglich, ihn von einem Menschen auf einen anderen zu übertragen. Das Beste, was man tun kann, ist, anderen den Weg zum Frieden zu zeigen, andere von seiner Schönheit zu informieren. Wie kann der Hunger eines anderen gestillt werden, indem ihr Nahrung zu euch nehmt? Nur der Esser selber wird von der Mahlzeit befriedigt. Der Friede ist auch von dieser Natur. Jeder muß ihn zunächst selbst gewinnen und erleben, damit alle ihn haben. Dann sind Liebe und Stärke genug, um Frieden zu verbreiten. Aber ihr solltet euch in eurer Konzentration nicht hauptsächlich nach außen ausrichten. Laßt eure Gedanken, Worte und Taten von diesen Qualitäten des Friedens, der Liebe und der Stärke geprägt sein. Das ist der Weg, um auch den Frieden der Welt zu erreichen.

ॐ

Einige erklären, daß Gebet den Weltfrieden herbeiführen kann und fordern die Leute auf, zu beten. Natürlich ist es gut, zu beten; aber Friede kann nie dadurch allein errungen werden. Das Gebet muß mit dem Handeln übereinstimmen. Ihr solltet nicht für eines beten und etwas anderes praktizieren. Solch ein Gebet ist nur ein Mittel der Täuschung. Die Worte, die ihr sprecht, die Taten, die ihr ausführt und eure Gebete müssen alle in die gleiche Richtung weisen. Wenn ihr nicht geduldig mit anderen umgehen könnt, sondern Menschen verleumdet und auf sie herunterblickt, während ihr für den Frieden der Welt (*lokashānti*) betet, werdet ihr für euch selbst keinen Frieden haben, sondern Unruhe, und mit der Unruhe das Leid und die Sorgen, die daraus entstehen.

ॐ

Weltfriede und individueller Friede hängen voneinander ab. Wenn man mit der Hand dem Mund Nahrung zuführt, sie kaut und hinunterschluckt, breitet sich ihre Essenz in jedem Körperteil aus. Und wenn entsprechend die Hände mit Taten beschäftigt sind, die den Frieden fördern, wird auf diese Weise die Essenz des Friedens in alle Teile der Welt verbreitet, die nichts anderes ist als der Körper des Herrn. Der Friede der Welt ist die äußere Basis für den Frieden der einzelnen.

ॐ

Viele kennen nicht die Bedeutung des Ausspruches „*Deho devālayam*", „Der Körper ist der Tempel". Aus welchem Grunde entsteht ein Tempel, wenn nicht für den Herrn, damit Er darin verehrt wird? Wenn es keinen solchen Herrn gäbe, könnte es nicht Tempel heißen. Aber jetzt widersprechen alle Handlungen der Menschen dieser einfachen Tatsache. Heute kommt alle Verehrung dem Tempel zugute und man vergißt dabei, daß der Tempel nicht Gott ist. Der Tempel muß erhalten, gereinigt und geschmückt werden um Gottes willen, der darin wohnt, er sollte zu einem guten Werkzeug gemacht werden, Ihn zu erkennen; das ist alles. Ähnlich ist der Körper der Tempel des Herrn, die Verkörperung des Göttlichen (*ātmasvarūpa*). Die Leute vergessen heute die Notwendigkeit, Vertrauen in das Göttliche Selbst (*ātman*) zu setzen, Seligkeit aus dem *Ātman* zu gewinnen, den *Ātman* zu verehren und alles dem *Ātman* zu widmen. Sie sind statt dessen in dem Glauben an den Körper befangen, schmücken ihn und widmen ihm alles. Zwar ist der Körper vergänglich, aber durch den Tempel kann der Herr erkannt werden; durch den Körper kann man das Göttliche Selbst (*ātman*), das in ihm wohnt, erkennen.

Das ist die Hauptaufgabe des Menschen. Versucht immer, dieser Aufgabe bewußt, über den Körper zu wachen und ihn zu schützen. Vernachlässigt aber den Herrn nicht, der darin wohnt. Klammert euch nicht an das unwirkliche, zeitweilige, äußere Gebäude. Natürlich sollt ihr den Tempel nicht zerstören; seine Erhaltung ist selbstverständlich wichtig. Nur solltet ihr nie vergessen, daß es das innewohnende Göttliche Selbst (*ātman*) ist, das ihm Wert und Nutzen verleiht.

Ähnlich verhält es sich mit dem Weltfrieden (*lokashānti*) und dem individuellen Frieden, der aus der Göttlichen Quelle entspringt (*ātmashānti*). Der Tempel ist der Weltfriede, der Herr darin ist der individuelle Friede. Der Weltfriede ist ein Mittel, dem Frieden des einzelnen dienlich zu sein. Die Welt ist das Haus Gottes; erkenne es als dieses. Er geht in Seinem Haus, in Seinen vielen Räumen umher. Die Anbetung und Verehrung des Herrn kann man nur gut verrichten, wenn der Tempel rein und sauber ist. Deshalb setzt euch dafür ein, beides zu gewinnen: Frieden für die Welt und Frieden für euch selbst. Ignoriert nicht die Tatsache, daß die Welt das Haus des Herrn ist. Ohne Ihn ist sie ein Grabgewölbe, aber kein Tempel, *shava*, nicht *shiva*. Wenn ihr euch immerzu Seiner er-innert, erringt ihr Freude und Sieg (*sarvamangala*).

Der Friede der Welt ist der Lebensatem aller Wesen, strebt deshalb immer danach. Den Herrn kann man nur gewinnen, wenn das Mutterland in Frieden getaucht ist. Wenn sich Schöpfung (*prakriti*) mit dem universellen Göttlichen (*paramātman*) wieder vereint, nennt man das Befreiung (*moksha*). Deshalb muß denen, die nach Erlösung streben, der Friede der Schöpfung und die Liebe zu ihr genauso am Herzen liegen wie die

Sehnsucht nach der Liebe und Gnade der allumfassenden Gottheit (*paramātman*). Ohne die Gnade beider, des Friedens der Schöpfung und des universellen Göttlichen, ist die starke und subtile negative Wirkungskraft der Sinne nicht zu bezwingen. Das heißt, ohne diese Gnade kann die Vernichtung der Verstandestätigkeit und die Beruhigung der Gefühlsbewegungen nicht erfolgen. Deshalb ist es die Hauptaufgabe eines jeden, Frieden – zunächst für sich selbst – zu erringen.

ॐ

Viele behaupten, daß Selbstachtung Friede sei. Aber sie verwechseln Selbstachtung mit der Achtung gegenüber dem untergeordneten Instrument, dem Körper, oder mit der Achtung gegenüber ihrem äußeren Status. Das ist Respekt gegenüber der Person, nicht gegenüber dem Selbst oder der Göttlichen Seele (*ātman*). Der Respekt, der dem Herrscher im Inneren, dem Göttlichen Selbst, gezollt wird, das ist wahre Selbst-Achtung; alles andere ist es nicht. Das Göttliche Selbst ist Wahrheit; das Göttliche Selbst ist reine Liebe; Gott ist das wahre Selbst; selbstloses Dienen ist Ausdruck des wahren Selbst. Achtung dieser Wahrheit gegenüber ist wahre Selbstachtung. Nur dieser Art der Selbst-Achtung entspricht natürlich auch der echte Friede, nicht den anderen Arten sogenannter „Selbstachtung". Den allbarmherzigen Gott, die Personifizierung der Wahrheit, Gott, dessen wahre Natur Liebe ist, immer im Gedächtnis zu behalten – das ist wahre Selbstachtung. Um sie zu erwerben, muß man den Respekt, den die Welt Reichtum und Status erweist, als wertlos beiseite werfen. Man muß Lob und Tadel, Spott und Schmeichelei ignorieren und sich voller Vertrauen in die Wahrheit und in Gott auf den spirituellen Weg einlassen. Das bringt wirklichen Frieden, reinen Frieden, ewigen Frieden.

ॐ

Es gibt keinen höheren Zustand als den des Herrn. Keine Seiner Verkörperungen ist höher als die Wahrheit, keine Seiner Schönheiten ist schöner als der Friede: nicht in allen vierzehn Welten und in der gesamten Schöpfung – jetzt, in der Vergangenheit und in der Zukunft. Das ist die Wahrheit, und Ich wiederhole sie. Die Wahrheit erstrahlt voller Glanz, auch wenn sie in die dunkelste Täuschung (*māyā*) eingehüllt ist. Ihr Leuchten läßt sich nicht unterdrücken. Wahrheit kann nie sterben, Unwahrheit kann nie leben. Ihr müßt euch alle in diesem Glauben fest verankern.

ॐ

Von was kann der Mensch sagen: „Dies ist von Dauer?“ Ja, wie kann er je glauben, daß irgendetwas dauerhaft ist? Wahrlich, wenn er doch von Geburt an alle Dinge um sich herum sich verändern sieht, erfährt, wie auch sein Erleben selbst verschiedenen Wandlungen unterworfen ist und wie die Atmosphäre, in der er wächst, sich dauernd wandelt; wenn er in einer Umgebung aufwächst, die nicht von Dauer ist, wie ist es da nur möglich, daß dieser Glaube entsteht?

Wenn man all dieses bedenkt, kann man ohne Furcht vor Widerspruch feststellen, daß dies hier eine unwirkliche Welt ist. Denn, wenn sie real wäre, wie könnte sie sich verändern? Alles, was dem Wandel unterworfen ist, ist unwirklich; allein die Eine Wahrheit ist unveränderlich. Nur das Göttliche Selbst (*ātman*) ist eine permanente Wesenheit; es allein ist wirklich, es allein ist beständig.

ॐ

Die Göttliche Seele ist die Form des Herrn, es ist die Kraft des Herrn. Nur der Mensch hat die Fähigkeit und die Berechtigung, diese Kraft zu erkennen und zu erreichen. Es ist in der Tat tragisch, daß die Menschen, nachdem sie es endlich erreicht haben, als Menschen zu inkarnieren, diese ewige Wahrheit nicht erkennen und nicht einmal einen Versuch machen, sie zu verstehen. Wenn sie diese Chance verstreichen lassen, wann wollen sie es denn dann wieder versuchen?

Sie kümmern sich nicht um den eigentlichen Zweck, zu dem sie gekommen sind. Kamt ihr nur deshalb, um wie alle anderen Tiere, Vögel oder Insekten zu leben, um zu essen, umherzugehen, zu schlafen und nach Vergnügen zu suchen? Wenn die Antwort „nein" lautet, wofür seid ihr sonst gekommen? Können wir wirklich sagen, daß der Mensch nur ein anderes Tier sei und sich nicht von den anderen Lebewesen unterscheide? Er hat drei Dinge, die sie nicht haben: die Fähigkeit, etwas zu durchdenken, die Fähigkeit, zu entsagen und die Fähigkeit, zwischen Recht und Unrecht zu unterscheiden. Das sind besondere Gaben des Menschen. Aber welchen Nutzen haben sie, wenn sie nicht im Leben angewandt werden? Nur wenn diese Fähigkeiten auch benutzt werden, ist die Bezeichnung „Mensch" zutreffend; andernfalls ist die Bezeichnung „Tier" passender.

Diese drei Fähigkeiten sollten vom Menschen nicht nur in weltlichen Angelegenheiten angewendet werden, sondern vor allem für die Erforschung der letzten Wahrheit. Genau gesagt: Wenn man unterscheidet, entsagt und reflektiert, während man durch die Freuden und Sorgen des Lebens geht, wird ganz sicher eines Tages die Überzeugung entstehen, daß dies alles hier unwirklich ist, daß es nicht die Wahrheit ist. Wenn diese Erkenntnis kommt, wird der Mensch sicherlich den Weg der Rückbindung an Gott (Religion), den spirituellen Weg gehen und nach dem forschen, was ihn zur Wahrheit führt. Das ist die Aufgabe, mit der sich der Mensch befassen muß.

Wenn jeder erst einmal beginnt sich zu fragen: „Wer sind wir? Woher kamen wir? Wohin werden wir gehen? Wie lange werden wir hier sein?“ wird die Wahrheit leicht gefunden werden.

Derartiges Fragen ist das Zeichen von Unterscheidungsvermögen (*viveka*). Wenn mittels dieses Unterscheidungsvermögens die Vorstellung, daß die Welt unbeständig ist, tief im Bewußtsein Wurzeln schlägt, verschwinden alle Bindungen automatisch. Das ist dann das Stadium der Loslösung (*vairāgya*). Man wirft die Frage auf: „Lohnt es sich, in diese irreale Welt verstrickt zu sein?“, sagt sich dann: „Sie ist unecht, sie ist irreführend“ und richtet danach seine Bemühungen auf das Reich Gottes, den Ort der Wahrheit (*satyaloka*). Das ist die richtige Entscheidung (*vicakshana*).

Durch Unterscheidungsvermögen und Loslösung versteht der Mensch, wer er wirklich ist. Ohne sie ist es unmöglich, das zu erfahren. Der Herr hat nur den Menschen mit diesen beiden Fähigkeiten gesegnet. Er hat sie ihm gegeben, damit er sie für diesen Zweck benutzt. Der Mensch ist also wahrhaft glücklich zu preisen. Aber leider hat er die Aufgabe vergessen, wegen der er gekommen ist. Er ignoriert die Frage, woher er kam, hält seine Augen davor verschlossen, wo er hingehört, wendet seine Intelligenz dem Vergnügen und leiblichen Genüssen zu und vergeudet seine Kräfte. Was für eine Tragödie! Wenn er selbst in diesem gnadenvollsten menschlichen Leben nicht nach Gott sucht, wann wird er Ihn dann wohl finden? „Wenn man die Gegenwart so verschwendet, was kann die Zukunft einem dann bringen?“

Wenn man zuallererst seine wahre Natur erkennt, ist der Rest leicht zu begreifen. Man weiß dann, woher man kommt, wohin man geht, wie lange man lebt, usw.

Die vier oben genannten Fragen hängen voneinander ab.

Wenn eine gelöst ist, sind die übrigen auch beantwortet; jedoch darf keine der Fragen unbeachtet bleiben. Hierzu ein Beispiel: Angenommen, ihr schreibt jemandem einen Brief. Gleichgültig, welchen Inhalt er hat, wen wird er erreichen, wenn er nur in einen unbeschrifteten Umschlag gesteckt und abgeschickt wird? Er wird überhaupt niemandem ausgehändigt werden. Wird er wenigstens zu dem zurückkommen, der den Brief geschrieben hat? Nicht einmal das, sondern er wird am Ende weder hier noch dort sein. Wenn aber auf dem Umschlag sowohl die Adresse des Empfängers als auch die des Absenders angegeben wird, kann man sogar voraussagen, wann der Brief seine Bestimmung erreichen wird, nicht wahr? Und nun: Was tut ihr mit eurem „Brief", mit eurem Leben? An wen adressiert ihr ihn, von wo aus schreibt ihr ihn, wann wird er ankommen, wen soll er erreichen? Wenn ihr dies alles außer acht laßt und euch nicht einmal um die Zeit kümmert, nur immer bekümmert seid, wie könnt ihr dann jemals hoffen, die Wirklichkeit zu erkennen?

ॐ

Zuerst müßt ihr eure eigene volle Adresse kennen. Wer seid ihr? Das Göttliche Selbst, *ātman*. Wohin geht ihr? Zu Gott. Wie lange könnt ihr hier sein? Bis ihr mit dem Göttlichen eins werdet. Wo seid ihr jetzt? Im Unwirklichen, im ständig sich Verwandelnden. In welcher äußeren Form? Als Nicht-*ātman*. Womit seid ihr beschäftigt? Mit vergänglichen Aufgaben. Was solltet ihr von jetzt an tun? Gebt diese letzten drei auf und beschäftigt euch mit den drei anderen: Tretet ein in den Bereich des Ewigen, befaßt euch mit Aufgaben, die auf das Unvergängliche gerichtet sind und genießt die Seligkeit des Göttlichen. Das muß die Hauptanstrengung des Einzelnen (*jīvin*) sein, sein dauerndes Ziel, das größte Abenteuer in dieser Welt. Alle anderen Aufgaben sind langweilig und töricht. Sie glitzern einen

Moment und verschwinden wieder. Ihr werdet diese Wahrheit erkennen, wenn ihr euch von ihnen abwendet und euren Blick schärft.

ॐ

Es gibt eine kurze Geschichte, die diese Punkte veranschaulicht. Es war einmal ein König, der die ganze Regierungsverantwortung an seine Minister übergab und seine Zeit im Müßiggang zubrachte. Er kümmerte sich nie um etwas, gleichgültig, ob es wichtig oder unwichtig war. Er hatte einen Gefährten, der immer an seiner Seite war, so etwas wie einen Leibwächter. Dieser Mensch war sehr weise; denn er tat nie etwas ohne tiefes Nachdenken über das Wie und Warum und Wozu. Der König betrachtete dieses ganze Nachdenken als reine Dummheit und gab dem Gefährten den Spottnamen „Avivekashikhāmani", „Kronjuwel aller Dummköpfe". Im Laufe der Zeit ließ er tatsächlich diesen Titel auf ein goldenes Schild eingravieren und zwang ihn, dieses auf der Stirn zu tragen, damit es alle sehen konnten. Viele wurden dadurch irregeführt und betrachteten ihn als einen Hofnarren und schenkten seinen Worten keine Beachtung.

Mittlerweile wurde der König krank und mußte das Bett hüten. Das Königreich wurde nach Ärzten durchkämmt, die den König heilen könnten. Boten gingen in alle Himmelsrichtungen, nach Arzneien und Doktoren zu suchen. Hunderte von Menschen bemühten sich emsig um den königlichen Patienten, aber alle Mühen waren umsonst, die Krankheit verschlimmerte sich von Tag zu Tag. Der König war an der Schwelle des Todes angekommen.

Der König fürchtete, daß sein Ende nahe sei. Deshalb veranlaßte er rasch Verschiedenes, sprach mit allen, die er noch einmal sehen wollte, und war im übrigen voller Sorgen. Er hatte keinen Gedanken für Gott oder irgendeine andere heilbringende Kraft; er hatte nur schreckliche Todesfurcht, die ihn hinderte, an etwas anderes zu denken.

Eines Tages rief er Avivekashikhāmani an sein Bett und flüsterte ihm schwach ins Ohr: „Nun gehe ich bald, mein Freund!“ Daraufhin erwiderte der „Dummkopf“ ohne irgendwelche Bedenken: „Was wollt ihr? Ihr seid doch zu schwach, um nur ein paar Schritte zu gehen, ich werde eine Sänfte bestellen, wartet bitte, bis sie bereit ist.“ – „Keine Sänfte kann mich dorthin bringen“, sagte der König. „Dann werde ich einen Wagen bestellen“, schlug der Narr vor. „Der Wagen hat auch keinen Sinn“, erwiderte der König. „Natürlich, dann wird ein Pferd das einzig richtige Beförderungsmittel sein“, meinte der Gefährte, der eifrig um die Rettung seines Herrn bemüht schien und ihm die Mühen der Reise erleichtern wollte. Der König sagte, daß auch ein Pferd dort nicht hinkommen könne. Der „Dummkopf“ war am Ende seiner Weisheit. Dann kam ihm plötzlich eine Idee, er sagte: „Kommt, Herr, ich werde Euch dorthin tragen“. Der König wurde traurig und sagte: „Mein teurer Freund, an jenen Ort muß jeder allein gehen, wenn seine Zeit gekommen ist, und man kann dorthin keinen Begleiter mitnehmen.“ Der „Dummkopf“ war in große Zweifel gestürzt und fragte den König: „Es ist doch seltsam, nicht wahr? Ihr sagt, daß die Sänfte nicht dorthin kommen kann, nicht der Wagen und auch nicht das Pferd, und daß eine zweite Person Euch nicht begleiten kann! Nun, könnt Ihr mir wenigstens sagen, wo dieser Ort ist?“ Der König erwiderte: „Ich weiß es nicht.“

Daraufhin band der „Dummkopf“ das goldene Schild mit der Gravur des Titels „Avivekashikhāmani“ los, befestigte es an der Stirn des Königs und sagte: „König, Ihr wißt so viel über diesen Ort, sogar, was nicht dorthin gelangen kann, aber wo er ist, das wißt ihr nicht, und doch geht Ihr bald dorthin. Oh, Ihr seid es, der diesen Titel hier viel eher verdient.“ Der König wurde von Scham überwältigt. „Leider“, sagte er zu sich, „habe ich meine Jahre mit Essen und Schlafen und der Suche nach Vergnügen vergeudet, habe mich nie darum gekümmert, danach zu fragen, wer ich bin, woher ich kam, was ich tue, wohin ich gehen werde, und warum ich kam. Die kostbare Zeit, die mir gegeben wurde, ist beinahe ganz vorüber. Ich habe keine Zeit mehr, über all dieses nachzudenken. Der Tod klopft an die Tür, die Kinder haben zu weinen begonnen, meine Untertanen sind in großer Angst. Kann ich mich unter diesen Umständen in Nachforschungen vertiefen? Kann ein Nachsinnen, das ich während meines ganzen Lebens nie vollzogen habe, jetzt plötzlich in meinen letzten Zügen beginnen? Es ist unmöglich. Ja, ich verdiene den Titel „Avivekashikhāmani" mehr als sonst jemand; denn ich verschwendete mein Leben in der Verfolgung nutzloser Ziele ohne jeden Gedanken an die Wirklichkeit." Der König ließ dann verkünden, daß Nachforschung das beste Mittel sei, um die Wahrheit zu erkennen, daß dieses Nachforschen darauf gerichtet sein müsse, das Wahre vom Unwahren und das Ewige vom Zeitlichen zu trennen; daß man zu der Schlußfolgerung kommen sollte: „Gott ist die einzige, wahrhaftige und ewige Wahrheit"; daß seine Untergebenen durch ihre eigenen unabhängigen Untersuchungen diese Wesenheit nicht nur verstandesmäßig begreifen, sondern auch durch ein reines Leben die Gnade Gottes erreichen müssen. Und indem er seinen Untergebenen diese Lehre verkündete, tat der König seinen letzten Atemzug.

Beachtet, wie der König, geblendet durch materielle Macht und Vergnügungen, seine Energien fehlleitete hin zur Welt und weg von Gott und sein Leben in seelischer Qual beendete.

ॐ

Jeder spirituell Suchende (*sādhaka*) muß notwendigerweise den Weg der Nachforschung beschreiten. Nur dann kann in ihm die Überzeugung entstehen und wachsen, daß die Natur und alles Lernen im Zusammenhang mit ihr unwirklich ist; es wird ihr dann ein relativer, nicht ein absoluter Wert beigemessen. Natürlich muß man auch in diesem Bereich lernen und Erfahrungen sammeln, weil es für die Existenz notwendig ist; man sollte es aber als eine Art tägliche Routine verstehen und nicht als höchste Weisheit oder unveränderliche, ewige Wahrheit mißverstehen. Begeht man diesen Fehler, so führt das zu Unfrieden (*ashānti*) und zu einem unruhigen Geist. Die Unruhe produziert dann Kummer und Angst, diese wiederum zerstören den Frieden. Wenn ihr nach Frieden und Ausgeglichenheit strebt, müßt ihr als Grundlage den Glauben an die Vergänglichkeit der Natur haben und euch in ununterbrochener Kontemplation mit der unwandelbaren Gottheit befassen.

ॐ

Fesselt euch deshalb nicht durch selbstsüchtige Neigungen. Beschäftigt euch mit der Erledigung eurer Aufgaben, gestattet es euch nicht, vom Erfolg erfreut oder vom Mißerfolg betrübt zu sein, seid bereit, allem zu entsagen, was schaden könnte; dann könnt ihr mit Hilfe eurer Urteilskraft die Siegestrommel schlagen. Große Erklärungen wie diese enthüllen die höchste Wahrheit und die Herrlichkeit Gottes.

ॐ

Wenn man die Wege des Wissens (*jnāna*) und der Hingabe an Gott (*bhakti*) miteinander vergleicht, so kann man sagen, daß die Gnade des Herrn leichter durch Hingabe als auf dem anderen Weg zu gewinnen ist. Durch diesen spirituellen Weg der Hingabe (*bhakti sādhana*) wird man zwangsläufig die Wahrheit und ihre innere Bedeutung voll und klar erfassen; hierfür liefert die äußere Welt selbst den Beweis, die Argumente, die Herausforderungen und die nötigen Mittel. Um zur Erkenntnis zu kommen, muß man geistige Nachforschung betreiben, und durch dieses Suchen findet man unerschütterlichen Frieden. Nur durch ernsthafte Nachforschung wird die Wahrheit hinter der ganzen äußeren Welt sichtbar.

Nicht wahr, es ist doch auch eure Erfahrung, daß ihr stets größeren Erfolg habt, als ihr zu hoffen wagt, wenn ihr euch lange Zeit sorgfältig einer bestimmten Arbeit widmet, eure Fehler korrigiert, wenn ihr sie entdeckt, und vermeidet, sie zu wiederholen, während ihr die Arbeit weiterführt. Es darf nur euer Wunsch nie nachlassen, den Sieg davonzutragen. Eine solche Einstellung wird euch die dafür nötigen Mittel entdecken lassen, wird Ernsthaftigkeit und Sorgfalt bei der Anwendung dieser Mittel wecken und euch zum Erfolg führen. Der anfängliche Wunsch muß gestärkt werden durch den Willen, der sich in fortwährendem Bemühen zeigt.

Nehmt das Beispiel von jemandem, der stark werden möchte. Wenn er sich das intensiv wünscht, wird er zuerst die Mittel erlernen, mit denen er sein Ziel verwirklichen kann, die nötigen Übungen, Disziplinen, entsprechende Ernährung etc. Wenn er diese Mittel dann konsequent anwendet, wird durch sein Bemühen der anfängliche Wille in stetige Bemühung verwandelt.

ॐ

Hier ist nun etwas Wichtiges zu beachten: Viele sagen, daß die Wunsch- und Willenlosigkeit das Beste sei. Es ist aber besser, einen Wunsch stärker zu haben als alle anderen oder vielmehr, einen Wunsch zu haben und nur diesen und sonst keinen. Noch herausragender ist jemand, der dazu noch das standhafte Bemühen hat, diesen einen Wunsch auch zu realisieren; denn er kann dadurch nicht nur sein eigenes Wohl fördern, sondern darüber hinaus das Wohl der Welt. Laßt euren Wunsch, euren Willen und eure Mühe auf euer eigentliches Wohl gerichtet sein, lenkt sie nicht auf weltliche Vergnügungen; das würde Leid bringen und Frieden zerstören.

ॐ

Der Mensch ist ein Bündel von Impulsen, Neigungen und Absichten. Er vermindert seine ihm innewohnende Göttlichkeit und seinen inneren Frieden, wenn er ihnen freien Lauf läßt. Die Impulse und Neigungen sind das Brennmaterial, und die Absichten sind das Feuer. Das Feuer ist nur zu löschen, wenn man das Brennmaterial entfernt. Das Absterben des Feuers ist gleichbedeutend mit dem Gewinn des Friedens. Taucht tief hinein in das Meer des Friedens, um die unschätzbare Perle, die Seligkeit des Göttlichen (*ātmānanda*) zu finden. Wenn der Mensch diese Gelegenheit wahrnimmt, wird er zur Personifizierung des strahlenden, heiligen Zustands des Friedens. Darum erklären die Veden, der Mensch sei die Verkörperung des Friedens. Man sollte sich deshalb nicht selbst täuschen durch die Vorstellung, man sei ein Sitz der Unruhe und der Unwahrheit. Ihr sollt wissen, daß ihr die Verkörperung des Friedens seid, daß Liebe (*preman*) das Blut ist, das durch eure Adern fließt, und daß eure wahre Natur Freude ist. Erkennt dies durch eigene Übung und Erfahrung.

ॐ

Ohne inneren Frieden (*shānti*) ist es unmöglich, die Wahrheit zu erkennen. Wie die Strahlen der Sonne für die blühende Blume und die reifende Frucht, so sind die Strahlen des Friedens notwendig für die Entwicklung des Menschen. Nur dann kann er heranreifen zur Erkenntnis des wahren, des ewigen, des glückseligen Göttlichen Ursprungs (*brahman*).

ॐ

Das allgegenwärtige Göttliche (*brahman*) ist ein uferloses, unendlich tiefes Meer. Dieses Meer ist die Grundlage für die immer wechselnden Wellen als Ausdruck und Ergebnis seiner Kraft. Die Wellen erheben sich aus der See, schießen hoch, fallen in sie zurück und lösen sich in ihr auf. Obwohl die Kraft des Meeres sich so offenbart im Auf und Ab, im Erheben und Fallen, ist es doch beständig und unbewegt.

ॐ

Aber die Welt ist mehr mit dem Vergänglichen und Wechselvollen beschäftigt und glaubt, die Wellen seien wichtig. Und auch der spirituell Suchende kümmert sich mehr um das Erlangen von Dingen, die vergänglich und veränderlich sind, als um das Erleben des dahinterliegenden, unwandelbaren Prinzips, *Brahman*. Alles, die Sinne, die Impulse und Neigungen, erheben sich mit überwältigender Stärke wie Wellen aus dem Meer, toben und sinken dann wieder in die Wassermassen zurück. Sie vermitteln keinen Frieden. Es ist weise, diese Wellen zu vergessen und die Aufmerksamkeit dem zugrundeliegenden Meer zuzuwenden, das unveränderlich ist. Nur dann könnt ihr Frieden erlangen und glücklich in den tiefen ungestörten Wassern umherschwimmen.

Warum sind jene Bewohner der tiefen See so glücklich? Der Grund dafür ist: Sie haben Wasser rund um sich herum, über sich, unter sich, an allen Seiten. Sie können außerhalb nicht überleben, nicht einmal eine Sekunde lang. Und wenn sie doch einmal gezwungen werden, das Wasser zu verlassen, kämpfen sie verzweifelt darum, wieder hineinzukommen; sonst kostet es sie das Leben.

ॐ

Gleichermaßen erlebt der Mensch die Freude und Heiterkeit des Friedens auf jede Weise, wenn er in ihm versunken ist. Wer diese Freude und Fülle einmal gekostet hat, kann auch nicht eine Sekunde lang den Zustand des Unfriedens ertragen, und er wird nie den Zustand des Friedens verlassen. Wenn es je geschehen sollte, daß er in Unfrieden (*ashānti*) hineingezwungen wird, wird er wild und verzweifelt um die Rückkehr in den Zustand des Friedens kämpfen und bei diesem Versuch vielleicht sogar sterben. Aber warum sollte ein solcher Mensch überhaupt an das Ufer des Unfriedens geworfen werden und beim Zurückfliehen in das Meer des Friedens sein Leben riskieren? Er kann immer in einem Zustand der Seligkeit bleiben, nicht wahr? Er sollte nicht auf den oberen Wogen der Impulse, Neigungen und Absichten (*vāsanās* und *samkalpas*) treiben. Er muß tiefer tauchen und versuchen, sich in den ruhigeren Zonen zu erfreuen. Das ist die vordringlichste Aufgabe; dann werdet ihr nicht in die Gefahr kommen, aufs trockene Ufer hinausgeschleudert zu werden.

ॐ

Diese Art des reinen und heiligen Friedens wird allein die Mauern beseitigen können, die heute den Menschen vom Menschen trennen. Dieser Friede wird all die absurden Haßgefühle, Mißverständnisse, Abneigungen und Vorurteile, aus denen die menschlichen Verhaltensweisen gewebt sind, transformieren. Friede ist die Offenbarung der Größe der Liebe (*preman*); er wird alle, die unter seinen Einfluß kommen, mit unermeßlicher Kraft zum Guten versehen. Er kann Gott in die Reichweite des Menschen und den Menschen in die Reichweite Gottes bringen.

Der spirituelle Weg (*sādhana*) kann keine höhere Kraft vermitteln. Der Friede (*shānti*) ist das wahre Geheimnis des Lebensprinzips in der Schöpfung. Er ist die höchste Form der Herrlichkeit des Göttlichen (*ātman*). Er ist der Zauberstab in der Hand des Menschen, der Gott voller Hingabe liebt; mit ihm kann er die ganze Welt meistern. Zudem verleiht er den höchsten Grad der Zufriedenheit.

ॐ

Friede ist aber nicht gleichbedeutend mit Inaktivität, mit einem Leben, das nur aus Essen und Dasitzen besteht. Ihr solltet euer Leben nicht mit Essen und Schlafen zubringen und euch vorsagen, daß der Herr schon zu Hilfe kommt, wenn es notwendig wird. Ihr müßt euch aufmachen und arbeiten. Gott hilft denen, die sich selbst helfen und sonst keinem. Lernt aus der Lebensgeschichte von Prahlāda die Lektion, daß der Herr allein geliebt werden muß, lernt daraus auch die Methode, wie man das macht. Führt die Arbeit, die euch zugemessen wurde, ernsthaft und wirkungsvoll aus. Gebt alles auf, was nicht zum Dienst an Gott gehört. Folgt den Fußstapfen von Prahlāda. Durch die Gnade des Herrn könnt ihr die Freude, die aus dem Frieden entspringt, die Begeisterung aus dem Erleben der Fülle und die Seligkeit der Unsterblichkeit gewinnen.

Arbeit muß getan werden, damit nicht die Zeit schwer auf euch lastet und zu einer Bürde wird. Arbeit ist die Aufgabe des Menschen. Ohne sie geht der Mensch im Dunkel der Unwissenheit verloren und wird von Trägheit (*tamas*) überwältigt. Die Unwissenheit würde seine Zweifel vervielfachen. Diese aber müssen mit dem Schwert der Weisheit (*jnāna*) herausgeschlagen werden.

ॐ

Als Arjuna einmal über solch tiefgründige Sachverhalte belehrt wurde, geriet er in Verwirrung und fragte Krishna: „Einmal sagst du, wir sollen allem Handeln (*karman*) entsagen, und ein anderes Mal sagst du, wir müssen den Weg des Handelns (*karmayoga*) gehen. Nun sage mir, welcher der beiden Wege ist der bessere?“ Krishna antwortete darauf folgendermaßen:

„Entsagung (*samnyāsa*) und der Weg zu Gott durch selbstloses Handeln (*karmayoga*) führen beide zum gleichen Ziel, zur Befreiung, o Arjuna! Aber wisse: Tätigsein schenkt größere Freude als Untätigkeit.“ Entsagung und Tätigsein schließen sich nicht aus, sie hängen voneinander ab und ergänzen einander. Wenn der Mensch aufhört, tätig zu sein, wird er absinken, weil ihm das Lernen aus der Tätigkeit und die Übung fehlen. Der wahre Entsagende (*samnyāsin*) wünscht nicht das eine und lehnt etwas anderes ab. Die Qualität der Entsagung trifft für eine Arbeit zu, die ohne Rücksicht auf Fehlschlag, Gewinn oder Verlust, Ehre oder Unehre getan wird, auf jede Aktivität, die als Opfergabe für den Herrn ausgeführt wird. Bloße Inaktivität, die durch ein ockerfarbenes Gewand und einen geschorenen Kopf zum Ausdruck gebracht wird, ist gar keine Entsagung. Nur jemand, der durch Freude und Traurigkeit, gut und böse nicht mehr beeindruckt wird, verdient die Bezeichnung „Entsagender“. Es ist also besser, den Weg des Handelns zu gehen und dabei auf die Früchte des Tuns zu verzichten. Es vermittelt auch mehr Freude als die völlige Aufgabe des Handelns; es ist der beste Weg. Aber welchen Weg von beiden – den der Entsagung oder den des Handelns – ihr auch geht, auf jedem ist auch die Frucht des anderen zu gewinnen: Denn es liegt Glückseligkeit (*ānanda*) im Handeln und es liegt Glückseligkeit im Verzicht.

Entsagung (*samnyāsa*) ohne Aktivität (*karmayoga*) bringt Kummer; denn wie soll irgendjemand vom Handeln loskommen können? Wie sehr ihr Aktivität (*karman*) auch vermeiden mögt: Ist es nicht wenigstens notwendig, euch mit dem Gedanken an Gott, mit Meditation (*dhyāna*) oder dem Wiederholen des Namen Gottes (*japa*) zu beschäftigen? Auch das ist Aktivität (*karman*). Wenn auch dieses Tun aufgegeben wird, gibt es keine Freude mehr im Leben. Jeder Mensch, wer auch immer es sei, muß tätig sein, wie die Arbeit auch aussehen mag. Wer sich mit dem Weg des Handelns (*karmayoga*) befaßt, aber jede Vorstellung von Handeln aufgibt und der Disziplin der Stille folgt, kann in kurzer Zeit das Göttliche (*brahman*) erkennen. Handeln (*karman*) wird solche Menschen nicht belasten. Tätigsein ist für sie wie atmen. Leben ist ohne die Tätigkeit des Atmens unmöglich, und ebenso ist für den spirituellen Aspiranten Arbeit wichtig. Unfrieden (*ashānti*) entsteht nur, wenn man die Früchte der Handlungen begehrt. Wenn man dagegen diesen Früchten entsagt und Freude aus dem Handeln selbst gewinnt, dann entsteht höchster Friede (*prashānti*). Niemand denkt an die Resultate und Vorteile des Atmens, nicht wahr? Und genauso solltet ihr nicht über das Ergebnis nachdenken, wenn ihr handelt; das vermittelt echten Frieden.

ॐ

Unzählige Ideen nehmen im menschlichen Herzen Gestalt an. Sie wandern in die äußersten Fernen aller acht Himmelsrichtungen. Manche unterstützen sich gegenseitig, manche zerstören einander. Sie müssen jedoch alle kanalisiert und diszipliniert werden, bevor ihr sie freilaßt, damit sie einem hohen Zweck dienen können. Nur dann könnt ihr euch im Frieden festigen. Ihr müßt die Fähigkeiten entwickeln, die für dieses Kanalisieren notwendig sind. Es ist nicht nur Klugheit in der Bewältigung äußerlicher Dinge; es sind mehr die Kontrolle und Beherrschung der mentalen Fähigkeiten bestimmend für das Erblühen des Göttlichen Selbst (*ātman*) in euch. Um die Möglichkeiten eures eigenen Denkens verstehen zu lernen, müßt ihr mit erfahrenen Lehrern verkehren, die in dieser Richtung oder in der Auflösung der Launen des Gemüts erfahren sind.

ॐ

Ihr werdet solange nur schemenhafte Luftschlösser bauen und darin umherstreifen, bis ihr aus Einsicht eine bestimmte Richtung für alle eure Gedanken und Aktivitäten fest einhalten werdet. Auch eure Sinne werden entgegengesetzte Wege verfolgen wollen und eure Aufmerksamkeit in einem solchen Maß ablenken, daß ihr nicht leicht eine Entscheidung in bezug auf das Ideal finden könnt. Sie vermitteln euch das Gefühl, daß ihre Wege die besten sind, aber ihr solltet immerzu danach streben, den Kurs der Sinne und der Vorstellung zu ändern in Richtung auf die Dinge und Wünsche, die zum Ideal hinführen, wie schwierig es auch sein mag und wie ernst die Krisen sind. So zu handeln ist das Zeichen wahrer Intelligenz, die Straße zu wirklichem Frieden.

Jedem ist kraft seiner menschlichen Natur die Urteilsfähigkeit mitgegeben worden, die man braucht, um nach dem Ideal zu streben. Ihr solltet nicht den leisesten Gedanken der Nachlässigkeit gestatten, euch zu behindern oder im Wege zu stehen. Der auf höherer Erkenntnis (*jnāna*) gegründete Friede kann nur durch tatsächliche Erfahrung entstehen; das Ziel und die Konsequenz jeder einzelnen Handlung muß Erkenntnis (*jnāna*) sein. Der Fortschritt des einzelnen entsteht aus Aktivität, die mit Unterscheidungsvermögen gepaart ist.

Nehmt ein kleines Beispiel. Auch wenn jemandem dank der Gnade des Herrn alle Arten von komfortablen Beförderungsmitteln zur Verfügung stehen – Autos, Flugzeuge oder andere Annehmlichkeiten – so muß er trotz allem um seiner Gesundheit willen auch zu Fuß gehen. Und genauso muß jeder, wer es auch sei, mit welcher spirituellen Disziplin er sich auch befaßt, notwendigerweise und um seiner seelischen Gesundheit willen selbst Aktivität entfalten und aus den Folgen lernen. Sonst können die seelischen Schwächen nicht geheilt werden.

Um das zu erreichen, muß man mit erfahrenen Menschen verkehren und mit Menschen, die tragende Stützen eines Lebens gemäß der Göttlichen Ordnung (*dharma*) sind. Man muß mit ihrer Hilfe die wahre Wirklichkeit begreifen und sie selbst erleben. Nur dann kann sich in einer Person der Friede fest verankern.

ॐ

In dieser erschaffenen Welt ist die Weisheit (*jnāna*) in Unwissenheit (*ajnāna*) eingehüllt. Das war schon zu allen Zeiten so. Solange eine Lampe brennt, ist unter ihr ein Schatten. Solange die Flamme der Täuschung brennt, ist der Schatten der Unwissenheit unvermeidlich. Wenn die Unwissenheit, welche das wahre Göttliche Selbst (*ātman*) verschleiert, durch Erkenntnis (*jnāna*) vernichtet wird, dann wird alles erleuchtet werden, als ob die Sonne aufgeht, und es wird Friede.

ॐ

Um zu diesem Ergebnis zu kommen, ist für die notwendigen Vorbedingungen einige Mühe aufzuwenden. Das Denken und das Empfinden werden durch die Umgebung zum Guten oder zum Schlechten beeinflußt. Deshalb muß der Mensch für sich die Umgebung schaffen, die er braucht. Die Reformer von heute trachten nicht danach, die Eigenschaften des Menschen umzuformen. Sie versuchen nur, Gleichheit in wirtschaftlicher Beziehung, im äußeren Leben zustande zu bringen. Aber diese Gleichheit kann nur von Dauer sein, wenn auch die Charaktereigenschaften auf der Basis der Gleichheit aufgebaut sind. Wenn diese Qualität der Gleichheit nicht entwickelt ist, hat der Zustand der Gleichheit keinen Bestand, selbst wenn alles gleich aufgeteilt und jedem gleich viel gegeben wird. Deshalb besteht die Notwendigkeit, mittels der Erkenntnis des Göttlichen den Charakter zu reformieren. Nur diese Reform wird Früchte tragen, nämlich die Früchte des Friedens.

Aus diesem Grund muß die menschliche Kultur darauf ausgerichtet sein, den Charakter zu reformieren. Gleichzeitig mit dieser Reform und in dem Ausmaß, in dem sie stattgefunden hat, kann auch das äußere Niveau des wirtschaftlichen Lebens richtiggestellt werden. Zuerst muß der Mensch in der Kunst des Friedens (*shānti*) und des Glücks (*samtosha*) geübt sein. Diese hängen nicht von der äußeren, äußerlichen, sichtbaren objektiven Welt ab. Es hat daher keinen Wert, sich über diese Dinge den Kopf zu zerbrechen oder darüber zu debattieren. Ihr müßt zum höheren Selbst (*ātman*) Zuflucht nehmen und zur Kontemplation über das Wesen des Göttlichen, das euer wahres Ich ist (*ātman*).

ॐ

Die ganze gegenständliche äußere Welt wird nur durch den Glanz des *Ātman* erleuchtet. Der Körper verdient es nicht, mit dem Unsterblichen identifiziert zu werden; er ist träge Materie, nicht mehr. Ihr seid nicht das, was üblicherweise mit dem Wort „ich“ bezeichnet wird. Ihr seid das Eine ohne ein Zweites. Der Körper ist der Veränderung unterworfen, er ist vergänglich und zum Verfall verurteilt; wie könnte er der *Ātman* sein? Nein, das wahre Göttliche Selbst (*ātman*) ist einmalig und einzig. Keine andere Wesenheit kann daneben bestehen. Nur wenn jeder spirituelle Aspirant, jeder Mensch sich dessen bewußt ist, können Gleichheit, Ausgeglichenheit und Heiterkeit auf der Erde Einzug halten.

Sinnt deshalb über die eigene Wirklichkeit *(tattva)* nach. Laßt das Sichtbare beiseite und konzentriert euch auf den wahren Sehenden, der in euch wohnt. Das wird die Wahrheit erhellen.

ॐ

Es ist die Natur des Lichtes, Dinge zu enthüllen, indem es sie beleuchtet. Wirkliche Erleuchtung ist jedoch einzig und allein dem Göttlichen Licht (*ātman*) zu eigen. Sonnenstrahlen und der Schein eines Feuers können nur die Dunkelheit durchdringen, sie aber nicht vollständig zunichte machen, weil Dunkelheit und diese Art des Lichtes sich in ihrer Gegensätzlichkeit gegenseitig bedingen. Demgegenüber ist der Glanz des *Ātman* jenseits der Dualität. Alle Dinge, alle Natur sind im *Ātman* positiv: Er erleuchtet sie alle. Daher der Ausspruch: *„Tam devā jyotishām jyotih . . .“* – „Die Götter begrüßen es mit Jubel als das Licht der Lichter.“

ॐ

Seine Gestalt ist Weisheit (*jnāna*), nicht etwas Gegenständliches wie der physische Körper. Der Körper verändert sich dauernd, er ist nicht ewig. Der *Ātman* leuchtet gleichmäßig überall und erleuchtet alles ohne Unterschied. Er ist dem Wesen nach Glückseligkeit (*ānanda*) und Bewußtsein (*caitanya*), deshalb ist er automatisch dem allen zugrundeliegenden Göttlichen Prinzip (*brahman*) gleich. Diese Überzeugung ist die Essenz der Erkenntnis (*jnāna*).

Wer ein Gefäß anschaut, weiß von sich aus ganz klar, daß das ein Gefäß ist, nicht wahr? Wie kommt es aber, daß man sich mit dem Körper identifiziert, einfach nur, weil man an ihn gebunden ist und deshalb fühlt, daß es der eigene Körper ist? Das ist Unwissenheit (*ajnāna*), die Ichbezogenheit, das Ich-Bewußtsein. Wahres Wissen (*jnāna*), dem Wesen nach Absolut (*ātman*), ist unzerstörbar. Nichtwissen, im Wesen dem materiellen Körper gleichend, ist vergänglich. Das Göttliche Selbst (*ātman*) für sich ist formlos; daher bleibt es von der dreifachen Verstrickung (*tapatraya*) unberührt. Die sechsfache Mutation beeinträchtigt es nicht, denn es ist immer wahres Sein (*sat*), immer es selbst und nur es selbst. Es ist ein Gast, unterschieden vom Körper, den es bewohnt. Der Körper ist Krankheiten, dem Wachstum und dem Verfall unterworfen. Das Göttliche Selbst (*ātman*) ist frei von allen Wandlungen. Es hat keine Begierden, keine Impulse und Neigungen und keine Absichten. Es ist über und jenseits der trägen (*tāmasika*), erregten (*rājasika*) und ausgeglichenen, reinen (*sattvika*) Eigenschaften. Die Urnatur (*prakriti*) ist aktiv; der Herr (*purusha*) ist wie die Lotusblume auf dem Wasser, unberührt und ungebunden.

Das Göttliche Selbst (*ātman*) wird zuweilen irreführenderweise mit dem Wort „ich“, *aham*, bezeichnet. Aber wie sollte das Sichtbare zugleich das Sehende, Ewige sein? Wie sollte der Körper das wirkliche Ich sein? Wenn man diesem Irrtum unterliegt, kann kein Friede, kann keine Freude aufkommen. Nur wenn man die Wahrheit dieser Sachverhalte versteht und erlebt, kann man Frieden haben.

ॐ

Man muß erkennen, daß das Göttliche Selbst (*ātman*) unterschieden ist von der äußeren Welt, von allem, was sichtbar ist. Das ist aber nur möglich, wenn man das Unterscheidungsvermögen (*viveka*) besitzt, das einen in die Lage versetzt, von der Bindung an die materielle Welt loszukommen und sich aus der Unwissenheit zu befreien, die einen glauben macht, das Sichtbare sei tatsächlich das Wirkliche. Ein solches Unterscheidungsvermögen muß durch die Ausübung des *ashtāngayoga* erworben werden. Das ist die achtfache Disziplin, die von der Unwissenheit, die den Geist verdunkelt, reinigt. Der Geist wird dann scharf und rein und wird zum Göttlich-Absoluten (*ātman*) hin ausgerichtet. Unwissende, für die das Verständnis des höchsten Selbst (*ātman*) jenseits ihrer Reichweite liegt, täuschen sich selbst in dem Glauben, daß ihnen die gegenständliche, ihren Sinnen zugängliche Welt Freude bereiten kann. Wenn man nur ein wenig nachdenkt, wird man finden, daß sogar die kleinen Freuden, die man auf diese Weise empfängt, der gleichen, aus dem Göttlichen hervorgehenden Glückseligkeit (*ātmānanda*) entspringen und nicht etwas von ihr Getrenntes sind! Denn alles und überall ist Glückseligkeit (*ānanda*), ist himmlischer Nektar (*amrita*). Alle Glückseligkeit ist Göttliche Glückseligkeit.

ॐ

Aber wer wird sich mit einem gemalten Mond und seinem auf ein Stück Leinwand gemalten Schein zufrieden geben, wenn man in der unendlich lieblichen Klarheit des wirklichen, vollen Mondes, der am Himmel dahinzieht, ruhen kann? Wer wird auch nur einen Blick auf den gemalten werfen wollen? Wie das

Sprichwort sagt: „Wird eine honigsaugende Biene jemals bitteren Saft trinken?"

Und genauso kann sich ein spiritueller Aspirant, der den Nektar der Erkenntnis seines Selbst, der Erkenntnis des *Ātman*, einmal gekostet hat, danach nicht mehr an der sinnlichen gegenständlichen Welt erfreuen. Aber der vom gemalten Mond Gefangene kann niemals den wirklichen Mond erkennen. Und die Leute, die von den Attraktionen dieser Welt getäuscht sind, tappen im Dunkel der Unkenntnis des Göttlichen Selbst (*ātman*) umher und schwelgen in der unwirklichen, vielfältigen, von den drei Seinsqualitäten (*gunas*) geformten Welt. Demgegenüber gibt ein wissender Mensch, der die Wahrheit sucht, den glitzernden Trug auf, erfreut sich am Göttlichen Selbst (*ātman*) und findet darin Frieden.

ॐ

Deshalb haltet nie das Sichtbare (*drishya*) irrtümlich für beständig oder wahr! Ihr könnt über nichts frohlocken als über das Meer der Glückseligkeit (*ānanda*) des unteilbaren ungeteilten Göttlichen Selbst (*ātman*), des Göttlichen Urgrunds (*brahman*). Ihr könnt wirkliche und volle Zufriedenheit nur in dem herausragenden, lieblichen und bedeutungsvollen Erleben der höchsten Gottheit (*parabrahman*) selbst finden. Nur dieses allein bringt Trost in dem Kreislauf von Geburt und Tod. Jene irrealen Dinge können nie Zufriedenheit bewirken, ihre Gegenwart hat keine dauernde Existenz und keine Bedeutung. Nur das Göttliche Selbst (*ātman*) vermag, immer und zu jeder Zeit, jede Art von Wohltat zu verleihen und jeden Frieden zuwege zu bringen. Es allein kann dem Leid ein Ende bereiten und euch mit Glückseligkeit (*ānanda*) überschütten.

ॐ

Alles außer dem *Ātman* ist unwirklich (*asat*), eine Täuschung wie das Silber im Perlmutt, ein Irrtum wie das Wasser in einer Luftspiegelung: Da ist kein wirkliches Silber, das man anfassen kann, oder wirkliches Wasser, das den Durst stillen könnte. Wenn ihr in ähnlicher Weise euer Leben auf die mit euren Sinnen erfaßbare Welt gründet, die Nicht-*ātman* ist und durch Unwissenheit (*avidyā*) hervorgebracht wird, könnt ihr nie wahrhaft Glück oder Freude finden. Diese gemalten Phantasieprodukte können keinen wahren Hunger oder Durst stillen oder Wünsche befriedigen. Nur das Wirkliche vermag das.

Die immer wiederkehrenden Sorgen in der sich verändernden Welt (*samsāra*) verschwinden nur, wenn man den Göttlichen Ursprung (*brahman*) erreicht. Echten Frieden kann man nicht mit Wünschen und Absichten gewinnen, mit Studien und Gelehrtentum, mit Pomp und Publicity. Er kommt durch das Erleben des Göttlichen (*ātman*), auch wenn es nur in geringem Ausmaß geschieht, zustande.

Durch die bloße Kraft der Absicht kann man sich in einem Augenblick eine Szene in Amerika vorstellen, aber kann man sie in diesem selben Augenblick auch tatsächlich erleben? Nein. Es hat keinen Zweck, sich etwas nur vorzustellen und sich in der Phantasie ein Bild davon zu machen, man muß es im Denken und Fühlen, im Sprechen und im Körper erleben. Nur dann kann man behaupten, wahren Frieden zu haben. Allein das intellektuelle Wissen vom Göttlichen Ursprung (*brahman*), von Frieden, Wahrheit (*satya*) oder dem Erkennen der eigenen Wirklichkeit (*sākshātkāra*) führt deshalb nirgendwohin. Ihr mögt sogar wissen, daß darin Glückseligkeit enthalten ist; aber das hat alles keinen wirklichen Wert. Ihr müßt euer Leben ganz dem Gewinn dieser Glückseligkeit widmen und sie erleben und mit den Disziplinen beginnen, die notwendig sind, um sie zu erlangen. Nur dann verdient ihr die Göttliche Gnade und das Erreichen des Göttlichen Urgrunds (*brahman*). Nur dann könnt ihr zu wahrer Glückseligkeit kommen.

Das gleiche lehrt der Vivekacūdāmani (die Schrift „Das Kleinod der Unterscheidung" von Shankara) auf viele Arten. Wer seinen Lehren folgt, ohne davon abzuweichen, kann den Nektar höchster Seligkeit kosten und das Ziel des Lebens erreichen. Frei von der Sorge, die unvermeidbar ist, wenn man sich mit den Dingen unserer Sinneswelt abgibt, sollte man ohne Absichten und Begierden in die Seligkeit der eigenen wahren Wirklichkeit versenkt sein.

Innerhalb der gesamten Schöpfung hat allein der Mensch die Qualifikation, diese höchste Freude zu erreichen. Was ist es doch für eine unheilvolle Tragödie, daß er sein Recht außer acht läßt und sich in der Suche nach kleinen Freuden und leerem Flitterwerk verläuft. Der Mensch spielt wie Kinder, die Puppen und Stöcke nehmen und sie Elefanten und Pferde nennen; aber das macht sie noch lange nicht zu wirklichen Elefanten und Pferden. Die unwissenden Menschen spielen mit großer Ernsthaftigkeit, bilden sich ein, daß die weltlichen Dinge wirklich seien, lachen und weinen in Freude und Leid und blühen und vergehen mit dem Auf und Ab. Das macht aber die durch die Schöpfung hervorgerufene Täuschung (*māyā jagat*) nicht weniger unwirklich.

Wenn ihr euch im Tiefschlaf (*sushupti*) befindet, was geschieht dann mit euren Freuden und Sorgen, mit Gewinnen und Verlusten? Sie besitzen dann keine Wirklichkeit, und auch später sind sie nicht die Wirklichkeit. Beide Male sind sie nur Schöpfungen eurer Phantasie. Wer dieses Geheimnis einmal kennt, wird immer in der Freude der Gesellschaft mit dem

Göttlichen Selbst, in der Kontemplation über seine eigene innere Wirklichkeit frohlocken. Das ist wahre, bleibende Freude.

ॐ

Deshalb, ihr spirituell Suchenden, hört her! Hört her, ihr, deren wirkliche Wesenheit Göttlich ist. Sucht danach, euer wahres Selbst zu entdecken, eure echte Wirklichkeit. Erringt die Erkenntnis, daß ihr das Göttliche Selbst (*ātman*) seid, frohlockt allein im *Ātman*, kostet die unverwässerte, unvergleichliche Seligkeit des Bewußtseins eures wirklichen Selbst. Laßt die Zeit mit Ihm verschmelzen, dessen Form die Zeit ist. Das ist die dem Menschen zukommende Aufgabe, wie das Vivekacūdāmani lehrt: „*Jnāna-raksham samādritya jnāne sudridhavān bhavet, sa eva niratam svasmin svānandam anubhunjate*“: „Mit dem Amulett des wahren Wissens um den Arm kann man dem bösen Einfluß der Unglückssterne, sinnliche Anziehungskräfte genannt, entrinnen.“

Aber man sollte nicht aus einer Kühnheit heraus, die dem Bewußtsein höherer Erkenntnis entspringt, den Sinnen freien Lauf lassen. Man sollte immer wachsam sein, was die äußere Welt angeht, und stets in der Kontemplation über seine eigene innere Wirklichkeit versenkt bleiben. Das ist das Zeichen dessen, der die höhere Wahrheit erfahren hat. Wenn man immer in diesem Zustand bleibt, wird die in ihrem eigenen Licht leuchtende Wahrheit immer vor dem inneren Auge sein, und die gegenständliche Welt wird dahinschmelzen.

ॐ

Die sichtbare Welt (*drishya*) ist dem ungeteilten unteilbaren Göttlichen Ursprung nur überlagert und hat nur die Realität von Türmen und Bastionen einer Stadt in den Wolken. Kann wohl jemand Luftschlösser bauen und darin wohnen? Das Ätherische (*ākāsha*) ist eure Grundform (*rūpa*), aber ihr könnt deshalb noch lange keine Stadt auf dieser Grundlage bauen. Die Türme und Bastionen, die ihr in den Wolken zu sehen scheint, sind irreal, Schöpfungen eurer Einbildungskraft, ohne wirkliche Grundlage. Und genauso ist im Verhältnis zur ätherartigen, formlosen höchsten Gottheit (*parabrahman*) die überlagerte Schöpfung (*jagat*) unwahr, ohne Grundlage. Alles Sein ist lediglich Ausdruck des Bewußtseins (*caitanya*) des nicht-dualen, unvergleichbaren, seligkeitsdurchdrungenen höchsten Göttlichen Seins (*parabrahman*).

ॐ

Erfreut euch stets an dem Frieden, der sich aus dem Aufhören allen mentalen Aufruhrs ergibt. Gestattet dem Denken und Fühlen nicht, hinter diesem und jenem herzurennen, schult euch, sie stillzuhalten. Wehrt die durch den Kontakt mit der Welt verursachten Gemütsreaktionen ab; dann könnt ihr zu reinem Sein (*sat*) werden und den Status eines Heiligen (*muni*) erreichen, einen Zustand jenseits des Reiches der Sinne, wo diese keine Macht mehr haben. Das ist wirkliche Erkenntnis (*sākshātkāra*), das Ziel des Lebens.

ॐ

Es heißt: „Verehre in Schweigen" (*maunam bhajasva*); aber was bedeutet *„maunam"*? Es bedeutet nicht, einfach nur den Mund geschlossen zu halten, sondern es bedeutet, jenseits des Einflusses aller Sinne zu gelangen und sich im dauernden Bewußtsein seiner eigenen Wirklichkeit zu begründen. Bleibende

Glückseligkeit ist zugleich der Zustand bleibenden Friedens. Wenn sich das Bewußtsein von der äußeren Welt zurückzieht, wird auch die Zunge still, und alle anderen Sinne folgen entsprechend. Das versteht man unter echtem Schweigen (*mauna*), dem Erkenntniszustand jenseits der Sinne.

Dieses Stadium kann man nicht mit Worten beschreiben und anderen als „so und so" erklären. Es gehört in das Reich des Erlebens. *Mauna* bedeutet *Parabrahma-svarūpa*, der Zustand der Verkörperung der höchsten Gottheit, Verwirklichung, die jenseits von allem hier Faßbaren steht. Wer dies erreicht hat, lebt in höchstem Frieden und höchster Glückseligkeit. Wenn die Aktivitäten der Gedanken aufgehört haben, wenn das Bewußtsein im Hafen des Göttlichen Urgrunds (*brahman*) Anker geworfen hat, wird man vom Göttlichen durchflutet werden (*parabrahmamayā*). Man muß diese ganze Welt wie aus der Ferne beobachten, in einer desinteressierten Haltung. Die Welt (*prakriti*) ist nur auf diese Weise zu überwinden. Solche Menschen entrinnen den Tücken des Intellekts, welcher Zweifel, Täuschungen und dualistische Unterschiede fern von der wahren Göttlichen Wirklichkeit erzeugt.

ॐ

Die höhere Unterscheidungskraft (*buddhi*) ist das wichtigste Instrument. Sie sollte vom Rost der Welt der Sinne (*prakriti*) gereinigt und zu ihrem ursprünglichen Glanz gebracht werden. Sie sollte nicht schwanken oder erregt sein oder aktiviert, denn dann erscheint die Welt mannigfach und vielgestaltig. Ist die Unterscheidungskraft ruhig, hüllt Friede den Menschen ein. Der Mensch ist in Glanz (*tejas*) getaucht; er ist im Zustand ununterbrochener vollkommener Glückseligkeit (*akhanda-paripūrna-ānanda*), einem Stadium, das auch höchster Bewußtseinszustand jenseits der Sinne (*nirvikalpa-mauna*) genannt wird.

ॐ

Mögen sich deshalb alle spirituell Suchenden durch ein disziplinierte Leben und unermüdliches Streben in der Kenntnis ihrer eigentlichen Form (*svarūpa*) und Wirklichkeit begründen! Mögen sie ihr Bewußtsein von der sichtbaren Welt (*drishya*) fernhalten, immer über die höchste Gottheit (*parabrahman*) meditieren, Seelenfrieden erreichen, sich von allem Kontakt mit der Welt der Sinne zurückziehen, sich mit Glückseligkeit füllen und sich selbst als das Eine erkennen, neben dem es kein Zweites gibt.

ॐ

Das ist das Stadium der leidenschaftslosen Gelassenheit (*udāsīnabhāva*), der Zustand eines Menschen, der die Wahrheit erfaßt hat. Da wird nie mehr etwas anderes sein: Alles, was ist, ist er selbst. Die Heiligen Shuka, Sanaka, Sānanda und andere hatten den Segen dieses unvergleichlichen Friedens erreicht. Sie kannten keine Betrübnis, Zweifel oder Unrast mehr, sie hatten keinen Bedarf an weiteren Gedanken oder Nachforschungen. Sie wurden nicht mehr durch irgendwelche Veränderungen oder Wechsel beunruhigt, denn das Göttliche kennt diese nicht. Wenn ein Mensch diese Schönheit erlebt hat, wird er nie mehr etwas anderem, anderen Worten oder einem verwirrenden Argument sein Ohr leihen. Er wird nie mehr einen ablenkenden Gedanken hegen, er wird nie mehr zu einer ablenkenden Bindung hingezogen werden. Er wird standhaft bei seiner Überzeugung bleiben.

ॐ

Die besondere Gabe des Menschen gegenüber allen anderen geschaffenen Wesen ist seine Fähigkeit, zu unterscheiden (*viveka*). Er ist deshalb dazu bestimmt, bei allen Handlungen seine Unterscheidungsfähigkeit zu gebrauchen. Es gibt aber zwei Kräfte, die ihm Hindernisse in den Weg legen: erstens die Unwissenden, die dazu drängen, nicht zu handeln, und zweitens die Lehrer des Sāmkhya. Die Ersteren haben vielleicht von äußeren Aktivitäten abgelassen, sind jedoch unfähig, ihre Gedanken und Gefühle vom Weltlichen abzuziehen. Deshalb ist ihre Inaktivität bedeutungslos, sie ist nicht echt (*mithyā*). Viele Anhänger des Sāmkhya ihrerseits haben eine ganze Anzahl von Argumenten gegen das Handeln (*karman*). Sie begründen das folgendermaßen: „Handeln verursacht beides, Gutes und Böses (*punya* und *pāpa*). Deshalb heißt es: Der Weise muß alles Handeln aufgeben.“ In der Gītā hat Krishna auf dieses Argument Bezug genommen und den Weg gezeigt, wie aus dem Handeln das Gute zu gewinnen und das Böse zu vermeiden ist. Viele Sāmkhya-Anhänger sagen ferner, daß das Ergebnis des eigenen Handelns eine Mischung von Freude und Leid, von Nutzen und Verlust sei und daß es den Handelnden entweder in den Himmel oder in die Hölle oder zurück auf die Erde führe, also zu einer Bindung irgendeiner Art. Deshalb raten sie den Menschen, das Handeln aufzugeben und in Untätigkeit zu verharren. Die Gītā hat auch darauf eine Erwiderung: Handlung bringt nur dann eine Bindung mit sich, wenn man sie mit Blick auf die Früchte daraus ausführt. Wird sie dagegen ohne jeden Gedanken an die Früchte verrichtet, so führt sie zur Befreiung (*moksha*) selbst! Nun, sogar befreite Menschen sind tätig, obwohl sie keinen Vorteil davon haben, sie tun es lediglich, um das Wohlergehen der Welt zu fördern. Der Mensch muß tätig sein, denn es ist das Mittel, den einmal gewonnenen Frieden zu erhalten.

ॐ

Wenn überhaupt etwas lieblicher ist als alles Liebliche, glückverheißender als alles Glückverheißende und heiliger als alles Heilige, wahrhaftig, dann ist es der Göttliche Name oder Gott selbst. Gib die Gesellschaft mit denen auf, die weltlich gesinnt sind, ebenso die Verbindung mit denen, die unter dem Einfluß schlechter (asurischer) Eigenschaften stehen. Halte dich fern von allen Arten schlechten Tuns. Suche immer die Gesellschaft der Weisen und Guten; suche Zuflucht in Nārāyana. Er, der Eine Reine, ist die vollkommene Verkörperung von Frieden, Glück und Weisheit. Er, Shrī Hari, wohnt in jedem, er weilt beständig an dem Ort, wo die Ihm Ergebenen ernsthaft und nur in Gedanken an Seinen Namen Ihn Verehren. Deshalb müßt ihr zuallererst intensive, auf Gott gerichtete Hingabe praktizieren. Dann könnt ihr mit Sicherheit wirkliches und dauerndes Glück und Weisheit erreichen.

ॐ

Was hat es für einen Zweck, den fliehenden Freuden der Sinne zu folgen. Betet Gott an, der in eurem innersten Herzen wohnt und euch näher ist als euer engster Freund, ob das euer Vater, eure Mutter oder euer Guru ist. Gott ist für euch all dies in einem und noch viel mehr. Der physische Körper, um dessentwillen ihr nach all diesem Komfort und Luxus strebt, ist letzten Endes der Krankheit und dem Verfall unterworfen. Demgegenüber bewirkt Gott Freude und das Erleben heiliger Liebe. Übergebt Ihm euer Herz. Er wünscht sich sonst nichts von euch. Er ist auf keine andere Weise zu gewinnen, weder durch unbegrenzte Gelehrsamkeit noch durch großartige Gelübde und farbenfreudige Rituale.

ॐ

Von der Spanne des menschlichen Lebens wird die Hälfte im Schlaf vertan; die andere Hälfte wird verzettelt, indem man stumpfsinnig Wünsche befriedigt, sie wird verbraucht in der hilflosen Unwissenheit der Kindheit und Jugend, in der Leere des Alters, in Not, Arbeit und Krankheit. Ihr könnt die jetzt noch übrigbleibende Zeit einer wertvolleren Tätigkeit widmen. Hütet euch, auch diese Zeit für die dumme Verfolgung von Sinnesfreuden zu mißbrauchen. Benutzt wenigstens die verbleibenden kostbaren Jahre für die Kontemplation über die Herrlichkeit des Herrn, richtet euren Geist immer fester auf Seine Lotusfüße und bringt euch auf diese Weise über den weiten Ozean von Geburt und Tod.

ॐ

Praktiziert deshalb zu allen Zeiten und unter allen Bedingungen mit Liebe und Hingabe das Denken an den Namen des Herrn. Dieser Name ist der Blitz, der Berge von Sünden in Staub verwandelt. Er ist das unfehlbare Heilmittel für die traurige Krankheit bloßer Weltbezogenheit, und mit Sicherheit wird euch dieser Name Frieden geben.

Der Name Gottes ist so glänzend wie die aufgehende Sonne, die die Dunkelheit der Täuschungen zerstört, er ist so leuchtend, universell und heilig. Mißbraucht diesen heiligen Namen nicht auch nur einen Augenblick. Laßt keine Sekunde vorübergehen, ohne euch diesen Namen ins Gedächtnis zu rufen. Denkt daran, die Herrlichkeit dieses Namens überwältigte die Herzen der Dämonen (*asuras*), die ihn hörten, als er von Prahlāda wiederholt wurde. Die Kinder der Dämonen wiederholten den Namen gemeinsam mit Prahlāda und, von ihm angeführt, begannen sie vor Freude zu singen und zu tanzen und bewaffneten sich mit Äxten, um ihren Führer zu verteidigen.

Der Name des Herrn kann den asurischen Charakter transformieren und reinigen, so daß Nektar daraus wird. Der Göttliche Name ist wahrhaftig der Himmel des Friedens für alle auf dieser Welt. Diesen Namen ohne Unterbrechung zu wiederholen, Seine Gestalt und Seinen Namen mit Intensität zu lieben, das verdient, Hingabe (*bhakti*) genannt zu werden.

ॐ

Bhakti bedeutet die höchste, reine, auf Gott gerichtete Liebe (*preman*). Jeder kann diese Hingabe erreichen. Die Tür zur Vereinigung mit Gott durch den Weg der Hingabe (*bhaktiyoga*) steht allen offen. Der einzige Passagierschein, den man braucht, ist der Wunsch nach Befreiung (*moksha*); dieser Wunsch berechtigt den Menschen zu diesem Erbe. Natürlich wird solch eine Liebe erst entstehen, nachdem man die Herrlichkeit und den Glanz des Herrn, ebenso Seine Ihm innewohnenden Eigenschaften der Allwissenheit, Allmächtigkeit und Allgegenwart in der gesamten Schöpfung kennengelernt hat. Wer mit Liebe dieser Art versehen ist, wer immer im Bewußtsein des Göttlichen lebt, der wird sicherlich befreit werden.

ॐ

Was bedeutet nun der Ausdruck „Gott kennen“? Er bedeutet, Gott zu lieben. Erkennen ohne Hingabe verursacht Haß; solche Kenntnis führt zu Macht, die mißbraucht wird. Es ist ein Erkennen, das diesen Namen nicht verdient. Es ist Unkenntnis, die das Wahre mit dem Gegenteil verwechselt. Nur durch Liebe zum Göttlichen wird Erkenntnis (*jnāna*) erzeugt und tief verwurzelt.

Was ist das Zeichen von Erkenntnis? Es ist Liebe (*preman*), das Besitzen einer sich immer mehr ausweitenden Liebe. Wenn Hingabe oder, anders ausgedrückt, Liebe zu Gott entsteht, wird die Unwissenheit Schritt für Schritt verschwinden. Liebe zu Gott und Haß können nicht gemeinsam bestehen, sie sind absolut gegensätzlich. Hingabe und Liebe haben jedoch die gleiche Natur.

ॐ

Der Weltmensch hat nur Liebe zu materiellen Dingen; aber wenn die gleiche Liebe die Form der Hingabe oder Gottesliebe annimmt, führt sie zur Wahrnehmung der Gottheit selbst. Der Begriff „Sehnsucht" (*rasa*) beschreibt sowohl das Verlangen nach weltlichen Dingen als auch die Sehnsucht nach der Freude der Verwirklichung Gottes.

Die Früchte eures Handelns sind wie ein Kapital, das sich während eures Lebens verbraucht; dann werdet ihr wiederum geboren. Demgegenüber verbrauchen sich die Früchte der Hingabe (*bhakti*) niemals; sie bleiben ewig bestehen. Befreiung ist von Dauer, sie endet nie. Wahrhaftig, Hingabe an Gott ist die wahre Methode für die Befreiung des Menschen. Sie ist geistige Disziplin (*sādhana*) par excellence. Jede andere Methode baut darauf auf.

ॐ

Liebe zum Göttlichen und Erkenntnis sind wie ein Paar Ochsen vor dem Wagen; beide müssen gemeinsam ziehen. Jeder muß Schritt halten mit dem anderen und ihm helfen, das Gewicht schneller zu ziehen. Erkenntnis (*jnāna*) muß helfen, daß die Liebe zum Göttlichen wächst, und Liebe zu Gott (*bhakti*) muß zum Wachsen von Erkenntnis beitragen.

Aufgrund dieser gegenseitigen Unterstützung und dieser Zusammenarbeit waren die Gopīs von Brindāvan in der Lage, Befreiung zu erreichen. Ihre Hingabe an Gott Krishna führte sie zu höchster Erkenntnis (*jnāna*). Nun, die Essenz sowohl von Hingabe als auch von Weisheit ist Friede, die höchste Art des Friedens (*prashānti*). Höchster Friede führt den Menschen zur Herrlichkeit des geistigen Glanzes (*prakānti*) und dann zum höchsten ewigen Licht (*paramajyotis*).

Erkenntnis ist ein Begleiter der Liebe zu Gott. Sie ist ein Teil davon. Auf Gott gerichtete Liebe ist am wertvollsten. Sie erzeugt das höchste Gute (*shubha*), sie bindet den Menschen nicht an die Erde. Sie nimmt ihn an der Hand und führt ihn auf der Straße zur Befreiung (*moksha*). Sie befreit ihn automatisch von allen Arten von Bindungen und Neigungen. Man muß nur danach streben, schlechte Gesellschaft zu meiden. Beständiges Verweilen in guter Gesellschaft wird das Gefühl des Lösens von Bindungen fördern.

ॐ

Wer dem Weg der Hingabe an Gott folgt, wird glücklicher und vorzüglicher genannt als diejenigen, die den Weg des Handelns (*karman*), des Wissens (*jnāna*) oder des *Yoga* gehen. Er ist besser daran als der *Yogin*, als der Entsagende (*samnyāsin*), der Wissende (*jnānin*) und der Gottsuchende, der der Disziplin des Handelns (*karman*) folgt.

Das ist auch der Grund, warum in der Gītā Krishna selbst Arjuna anleitete, damit dieser ein großer *Yogin* würde. Krishna sagte: „Derjenige unter den *Yogins*, der ständig über sein Selbst, das eins ist mit Mir, meditiert, wahrhaftig, er hat die höchste hingebungsvolle Liebe.“ Darauf fragte Ihn Arjuna:

„Welche der Gottliebenden: die, die Dich immer in dieser Weise liebevoller Hingabe verehren oder diejenigen, die Dich als unüberwindlich und unermeßlich verehren, welche, o Herr, sind siegreicher auf ihrem Weg zur Gottvereinigung?" Krishna erwiderte darauf: „Wer immer seinen Sinn fest auf Mich richtet und Mich anbetet, wer dies ständig und freudevoll tut, der erzielt den größten Erfolg." In diesem Sinn sind Standhaftigkeit und Glaube *(shraddhā)* in geistigen Dingen, in der Bezogenheit auf Gott, von äußerster Wichtigkeit. Standhaftigkeit und Glaube kennen keine Grenzen, und ihre Früchte bleiben immer bestehen. Die Früchte allen Tuns im Streben nach Gotterkenntnis hängen von der gewählten spirituellen Disziplin ab; der Weg des Wissens (*jnāna*) beinhaltet eher nach innen gerichtete Disziplinen, der Weg der Hingabe (*bhakti*) eher nach außen gerichtete.

ॐ

Wenn das Göttliche (*brahman*) selbst das Ziel ist, erlangt man Erkenntnis. Man sollte unablässig beschäftigt sein mit dem Hören von Vorträgen über die heiligen Schriften (*shravana*), sich dann das Gehörte ins Gedächtnis zurückrufen (*manana*) und über das Erinnerte nachdenken (*nididhyāsana*), bis die Liebe zu Gott voll entwickelt ist. Stattdessen beschäftigen sich Gottliebende (*bhāktas*) oft mit Gott in einem geschäftemacherischen Geist, so, als könne man Ihm etwas abhandeln! Diese Haltung sollte man aufgeben. Jeder sollte seinen Gott, Gott in der von ihm bevorzugten Gestalt (*ishtadevatā*) um nichts anderes bitten als um Hingabe zu Gott oder um Liebe. Andernfalls ist er kein wahrer Gottliebender. Ein ununterbrochener Strom der Liebe, gerichtet auf die Füße des Herrn, das ist wirkliche Ergebenheit. Solche Ergebenheit allein führt mit Sicherheit zu wahrem, echtem Frieden.

ॐ

Lehren geschieht auf zweierlei Weise, indirekt und direkt. Das Lehren durch die Veden und Vedangas (Hilfsbücher zu den Veden), durch Induktion und Deduktion, Urteilen und Folgern, ist indirekt. Wenn das so Verstandene dann erlebt und wahrgenommen wird, wird es direkt. Die höchste Gottheit (*parabrahman*), die Wahrheit (*satya*), höchste Weisheit (*jnāna*) und Glückseligkeit (*ānanda*) ist, offenbart sich aus sich selbst (self-evident); deshalb kann das Verständnis des Göttlichen bestenfalls indirekt sein. Von einem bestimmten Standpunkt aus betrachtet, kennt das Göttliche (*brahman*) weder ein Direkt noch ein Indirekt. Es ist einmalig, jenseits von beidem. Um die unmittelbare Erkenntnis des Absoluten zu erlangen, ist als erstes geistige Disziplin erforderlich. Dem höchsten Lehrer (*sadguru*) zu dienen mit vollem Vertrauen und voller Ergebenheit, ist der erste Schritt auf diesem Weg. Der Lehrer seinerseits sollte den spirituellen Schüler fortwährend und auf einfache Weise die Natur des Seinsgrundes (*brahman*) lehren. Wenn der Schüler diese Lehre begreift, wird daraus indirektes Wissen (*parokshajnāna*). Dies Wissen wiederum kann in direkte Erkenntnis (*aparoksha*) transformiert werden durch beständiges Nachsinnen (*manana*), indem man diese Lehren im Geist und im Herzen bewegt. Die indirekte Kenntnis ist so unbeständig wie auf Wasser geschriebene Buchstaben, während Kenntnisse, die man auf unmittelbare Weise gewinnt, unauslöschbar sind wie in Fels gemeißelte Schrift.

ॐ

Wenn man den Klang des Wortes „Pferd“ hört, erscheint die Form des Pferds im Bewußtsein. Bei dem Wort *„Brahman“*

tritt das Wesen *Brahmans* ins Bewußtsein. Dieser Vorgang wird von denjenigen, die in der Übung des *Catushtaya*, das heißt in den vier Prinzipien spiritueller Disziplin, bewandert sind, Meditation (*dhyāna*) genannt. Das bedeutet: Man muß die Kontrolle über die Sinne (*shama*) ausweiten, die Selbstbeherrschung (*dama*) verbessern und die Einstellung stärken, selbstlos zu handeln, das heißt zu handeln, ohne den Wunsch nach irgendeiner Belohnung für die Handlung zu hegen. Wer einmal in die sechs Disziplinen *shama, dama* usw. eingeweiht ist, kann mit Leichtigkeit eine Vision (*svarūpa*) des Seinsgrundes (*brahman*) mit dem geistigen Auge sehen, sobald er einer Schilderung Seines Göttlichen Wesens lauscht.

ॐ

Die Entsagung von dem Wunsch, die Früchte der eigenen Handlungen zu genießen (*phalabhogavairāgya*), ist wesentlich. Wenn dieser Verzicht tief verwurzelt ist, wird das Bewußtsein (*citta*) rein, und es gelingt, die Sinne von der gegenständlichen Welt zu lösen (*uparati*).

ॐ

Yoga hat zwei Varianten, den königlichen Weg zur Gottvereinigung (*rājayoga*) und den Weg höheren Wissens (*jnānayoga*). *Rājayoga* wiederum hat acht Stufen, die sorgfältig geübt und verwirklicht werden müssen. Einige davon sind äußerlich, einige innerlich. Das ist der vornehme (*ārya*) Weg. Innerhalb des *Jnānayoga* gibt es überhaupt kein Äußerliches. Ziel beider Varianten ist die Befriedung der Unruhe auf allen Bewußtseinsebenen. Für die, denen es gelungen ist, alle diese Erregungen zu besänftigen, wird alles zum Göttlichen, zu *Brahman*. Vor allem im Hinblick auf dieses Ziel ist *Jnānayoga* wertvoller als *Rājayoga*, dies ist zumindest die Meinung derer, die *Brahman* erfahren haben. Sie sagen: „Dies ist es, was man erkennen, was man erreichen muß“.

ॐ

Nach den in den Upanishaden enthaltenen Weisheiten ist die direkte Erkenntnis des Göttlichen Seinsgrundes aber auch durch den achtfachen *Yoga* zu erreichen, durch: Aufgabe der weltlichen und körperlichen Bindungen (*yama*), beständige Gottesliebe (*niyama*), rechte Körperhaltung (*āsana*), Regelung des Atems (*prānāyāma*), nach Innen gerichtetes Bewußtsein (*pratyāhāra*), Konzentration (*dhāranā*), Meditation (*dhyāna*) und Verschmelzung mit dem Seinsgrund (*samādhi*).

Yama schließt ein: Gewaltlosigkeit (*ahimsā*), Wahrheit (*satya*), Nichtstehlen (*astaya*), Zölibat (*brahmacarya*) und Nichtergreifen der Sinnesgegenstände (*aparigraha*).

Das ist die übliche Bedeutung, die *Yama* beigemessen wird; Ich würde dazu sagen, daß darunter die Lösung von der Bindung an Körper und Sinne zu verstehen ist.

Das Wesen des Göttlichen hat in Wahrheit weder Name noch Form. Es hat nirgends ein Ende, es kennt weder Freude noch Leid, es unterliegt keinen Veränderungen, es ist ewig und seiner Natur nach *sat-cit-ānanda*, Sein, Bewußtsein, Glückseligkeit. Als Folge der Täuschung erscheint es aber in Gestalt der ganzen Schöpfung, versehen mit allen Eigenschaften und der Wandlung unterworfenen Namen und Formen. Es erscheint in den Wandlungsprozessen von Wachstum und Verfall, Freude und Leid. Diese Erscheinung ist endlich, sie hat verschiedene andere Begrenzungen und scheint sich ständig zu bewegen, deshalb nennt man sie *Samsāra*, die sich ständig verändernde Welt. So erscheint das Wesen des Seinsgrundes (*brahman*) sowohl in der individuellen Form (*vyashti*) als auch in der kollektiven Schöpfung (*samashti*) und täuscht sogar große Gelehrte und Pānditas.

ॐ

Eine einzige Wesenheit (*caitanya*) manifestiert sich in verschiedener Weise in dieser ganzen Vielfalt. Deshalb sprechen wir vom Gesonderten, Einzelnen und vom Gesamten, was soviel ist wie die Ansammlung vieler einzelner. Natürlich überlagert das gesonderte einzelne (*vyashti*) das Göttliche nur; eine Täuschung ähnlich der, wenn man eine Schlange in einem Stück Tauwerk oder einen See in einer Luftspiegelung zu sehen glaubt. Jeder der drei Körper, der grobe (*sthūla*), der feinstoffliche (*sūkshma*) und der ursächliche (*karana*), ist für den, der *Brahman* erkannt hat, eine Überlagerung. Zu sagen, daß sie real oder irreal seien, ist nicht richtig; sie sind weder wirklich noch unwirklich (*mithyā*). Der in den Maschen der Täuschung gefangene unwissende Mensch glaubt, daß die sich ständig verändernde Welt (*samsāra*) ewig und eine Quelle des Glücks sei.

ॐ

Die Menschen, die sich fälschlicherweise mit dem Körper identifizieren, leiden in den Schlingen der Bindungen an Mutter, Vater, Ehepartner, Kinder, Verwandte und Freunde. Sie erkennen nicht, daß sie weder Körper noch Sinne sind, sondern das Göttliche Sein (*brahman*), das die Nahrung und Grundlage (*adhishtāna*) des dreifachen Körpers und von allem Seienden ist. Diese Erkenntnis könnten sie erreichen durch: die fortwährende Kontemplation über den Göttlichen Ursprung (*brahman*), der Sein, Bewußtsein, Glückseligkeit ist; die niemals zu unterbrechende Unterscheidung zwischen dem Ewigen und dem Veränderlichen; durch die Gemeinschaft mit guten Menschen; den Dienst an Weisen; das Erreichen der Reinheit des Geistes.

Die feste Verknüpfung des eigenen Denkens mit diesem Bewußtsein ist die wahre Entsagung (*vairāgya*), die Loslösung von Körper und Sinnen, wie sie der Begriff „*Yama*" umschreibt, der schon von mir erklärt wurde. Das versteht man unter *Yama* im *Jnānayoga*.

Das Erleben von Freude in guten Zeiten und Schmerz in schlechten Zeiten, der Fehler, sich mit dem Leid des Körpers und der Sinne zu identifizieren: Eine derartige Dualität in Einstellung und Gefühl muß überwunden werden. Schritt für Schritt muß die Identifikation mit dem Körper und den Sinnen aufgegeben werden. Das ist das Zeichen, daß man das Wesen der Loslösung von Körper und Sinnen – was die wahre Grundlage des *Jnānayoga* ist – verwirklicht.

ॐ

Niyama bedeutet Reinheit, immer voller Freude sein, beschäftigt mit spiritueller Disziplin (*tapas*) oder dem Wiederholen des Göttlichen Namens (*japa*). Es ist gleichbedeutend mit dem, was im *Rājayoga* Reinheit (*sauca*), Zufriedenheit (*santosha*), spirituelle Disziplin (*tapas*), Studium (*svādhyāya*), Gottergebenheit (*ēshvara pranidhāna*) genannt wird; denn dies sind alles Wesensmerkmale von *Niyama*. Ich möchte *Niyama* folgendermaßen erläutern: *Niyama* ist der Zustand beständiger Liebe zur höchsten Gottheit (*paramātman*) zu allen Zeiten und unter allen Bedingungen. „*Sā paramā premarūpā*" heißt es im *Nārada Bhakti Sūtra*, „Sie, *Bhakti*, ist die höchste Form der Liebe". Nur wenn man diese beständige Liebe zum Absoluten empfindet, erreicht man auch Reinheit, Zufriedenheit, spirituelle Disziplin, Studium und Gottergebenheit, wie im *Rājayoga* genannt. Wenn die Loslösung von Körper und Sinnen erreicht ist, werden Glückseligkeit (*ānanda*) und Friede (*shānti*) zum Wesensbestand des Menschen, geschöpft aus der Quelle allen Glücks und aller Freude, aus der höchsten Gottheit (*parabrahman*), die Sein, Bewußtsein, Glückseligkeit (*sat-cit-ānanda*) ist.

ॐ

Denn Glückseligkeit und Freude gewinnt man nicht aus trockenen weltlichen Dingen. „*Raso vai sah*“, „Er ist Lieblichkeit“, „*Ānandam vai brahma*“, „*Brahman* ist Glückseligkeit“, heißt es in den Upanishaden. Auch das kleinste bißchen Freude in der materiellen Welt wird in und durch *Brahman*, den Seinsgrund, bewirkt. Ohne das zugrundeliegende Göttliche, das Lieblichkeit und Freude in Vollkommenheit und Fülle ist, wäre diese flüchtige, vergängliche Welt der Erscheinungen nicht so attraktiv und freudevoll für die weltlich Gesinnten. Sie wäre ohne diese ihr zugrundeliegende Lieblichkeit (*rasa*) schrecklich bitter. Für das bißchen Freude, das materielle Dinge vermitteln, ist der Ozean voller Nektar die Ursache. Die Gemeinschaft mit denen, die Gott erfahren haben, das Gespräch mit ihnen über die Natur des Absoluten in einem Geist der Demut und Ernsthaftigkeit, ein Sehnen, die Wirklichkeit zu erkennen, unerschütterliche Liebe zum Herrn: Das sind die Merkmale der Menschen, die in beständiger Gottesliebe (*niyama*) gegründet sind. Sie werden durch Spott und Lob, Wind, Sonne oder Regen, Ehre oder Unehre nicht gerührt; sie gehen auf dem Weg zur Befreiung, frei von jeder Bindung, nur gebunden an das alleinige Ziel der Seligkeit der Vereinigung mit dem allem zugrunde liegenden Göttlichen Sein (*brahman*).

Wer die Stufe beständiger Gottesliebe (*niyama*) erklommen hat, ist bereit, alles zu opfern für den Gewinn der Erkenntnis (*jnāna*). So ein Mensch wird jede Entfernung zurücklegen, um einer Diskussion über das Göttliche (*brahman*) zu lauschen, er wird jeder Anweisung der Weisen gehorchen; er wird sich an Menschen halten, die ihm die Tatsache bewußt machen, daß alles aus Bewußtsein besteht (*cinmayatva*), als ob diese allein seine intimsten Freunde wären; er wird sich jeder Mühe unterziehen, ihre Wünsche zu erfüllen. Das sind die Zeichen eines Menschen, der die Stufe ständiger Gottesliebe erreicht hat (*niyama-stha*).

Körperhaltung und Körperübung (*āsana*): Man sollte eine ruhige Sitzhaltung haben, das heißt, man sollte nicht wackeln oder schwanken. Aber auch wenn man sitzt wie ein Fels, bewegungslos und alle Gelenke blockiert, kann das allein niemals *Āsana* genannt werden; das ist nicht das Kennzeichen wirklicher *Āsana*-Beherrschung. *Āsana* umfaßt sowohl die äußere Haltung als auch die innere Freude, die im Herzen blüht; so muß jede Haltung, die der *Yoga*-Übende einnimmt, sowohl ruhig als auch bequem sein. Deshalb hat Patanjali (Yoga Sūtra 2.46) geraten: „*Sthirasukhamāsanam*". Ich erkläre euch das so: Das beste und erfolgreichste *Āsana* ist die Haltung, in der ihr am wenigsten abgelenkt seid durch die äußere Welt.

Diese Haltung entspringt dem Führen eines moralischen Lebens, eines untadeligen Verhaltens in der Welt in Übereinstimmung mit dem in den Veden genannten Weg. Es ist der absolute Mangel von Interesse an Dingen, die keinen Bezug zur höchsten Gottheit (*paramātman*) haben. Wenn sich euch jemand nähert, dessen Wege ihr nicht gutheißt, ist es nicht notwendig, daß ihr Fehler an ihm findet; auch braucht ihr nicht über ihn zu lachen und ihm nicht eure Mißachtung zu zeigen. Es ist genug, wenn ihr, von seinem Erscheinen unberührt, in eurer Arbeit fortfahrt. Laßt diejenigen, deren Verhalten ihr nicht für richtig befindet, ihren Weg gehen, laßt sie allein.

Das ist *Udāsīnabhāva*, die Haltung der leidenschaftslosen Gelassenheit. Nach dem Entstehen der Liebe zum Göttlichen kommt der spirituell Suchende zu dieser Haltung gegenüber allen weltlichen Dingen. Um genauer zu sein: Man sollte beständig die Wirklichkeit des Göttlichen Seinsgrundes (*brahman*) und die Unwirklichkeit der gegenständlichen Welt (*jagat*) im Bewußtsein halten. *Brahma satyam – jagat mithyā*. Das Göttliche Sein ist wirklich, die Welt ist unwirklich. Man muß sowohl die Kumpanei mit den Schlechten meiden als auch zu enge Freundschaft mit den Guten! Jede Bindung dieser Art lenkt von dem Pfad ab, der zur Mitte führt, führt vom Weg zur wahren Mitte (*nivrittimarga*) zum Weg ins Äußerliche (*pravrittimarga*). Entledigt euch der Bindungen an das nur Augenblickliche, an die Dinge, die mit Name und Form bekleidet sind. Wenn ihr einmal diese Haltung, unbeteiligt zu sein (*udāsīna*), erreicht habt, werden euch unerschütterlicher Friede, Selbstkontrolle und Reinheit des Denkens und der Empfindungen zuteil. Ihr werdet dann die unter *Āsana* eigentlich zu verstehende Beständigkeit und Festigkeit haben.

ॐ

Unter *Prānāyāma* wird gewöhnlich Kontrolle und Regulierung des Ein- und Ausatmens verstanden. In den Yogashâstras werden die verschiedenen Methoden der Atemkontrolle (*recaka, pūraka, kumbhaka* usw.) erklärt, die die verschiedenen Stadien des *Prānāyāma* umschließen. Ich möchte hinzufügen: Die Beherrschung der Lebenskräfte (*prānas*) ist nur denen möglich, die das ganze Universum als unwirklich betrachten. Wir sehen goldene Schmuckstücke unterschiedlicher Arten und Stilrichtung. Alle sind aus dem gleichen Metall, aus Gold, gemacht; aber dennoch schätzt man das eine Schmuckstück mehr, ein anderes weniger. Nicht alle Dinge sind gleich. Wir haben selbst den Dingen verschiedene Namen und Formen gegeben, je nach Bedarf und Mode, Vorlieben und Wünschen; und dennoch werden wir durch eine sinnlose Täuschung gefesselt, die uns gegenüber der Wirklichkeit blind macht. Wir haben uns diese Schmuckstücke erdacht, haben sie hergestellt, benutzen sie und schmelzen sie wieder ein; dennoch waren und bleiben sie immer Gold, nicht wahr?

ॐ

Ebenso erscheinen und verschwinden so viele Namen und Formen in dieser Welt, entstehen, wachsen und werden zerstört; aber die unvergängliche Grundsubstanz dauert fort durch all diesen Wandel hindurch und bleibt für ewig bestehen. Und so wie die vielfachen Formen die Illusion hervorrufen und Gefühle von Haß und Liebe wecken, so täuschen diese Namen und Formen auch und erzeugen Bindungen. Sie machen uns glauben, daß sie selbst die Quelle der Freude sind. Aber sagen nicht die Göttlichen Urworte der Veden (*shruti*), daß das Universum nichts als *Brahman* ist: Er ohne Anfang, Er ohne Ende, Er ohne Fehler, Der ewig Reine? Sie erklären, daß die Schmuckstücke vorübergehende Zustände sind, daß nur das Gold ewig, wirklich und wahr ist. Deshalb müßt ihr alles als Göttliches Sein (*Brahman*) und nur als dieses verstehen. Überzeugt euch selbst, daß alle Erscheinungen das Produkt der Täuschung (*māyā*) sind, praktiziert immer diese Art des Unterscheidens; bekundet größtes Interesse, die Wirklichkeit zu erkennen und seid immer wachsam, um die Wahrheit zu erkennen: daß alles *Brahman* ist.

ॐ

Selbstverständlich erscheint die Welt im Zustand der Täuschung als real und das Göttliche als eine bedeutungslose Erfindung. Im Zustand geistiger Klarheit hingegen wird die Schöpfung (*jagat*) als irreal erkannt. Die Fee der Täuschung überwältigt euch durch ihren Zauber und ihre Pfeile der Unwahrheit und des äußeren Glanzes. Nur jemand, der die Vision des universellen Göttlichen besitzt, kann leicht ihren Listen entrinnen. Einem solchen Menschen ist vollkommen bewußt, daß die Namen und Formen erst vor kurzer Zeit entstanden sind und bald wieder verschwinden werden. Auch heißt es in der Gītā: „Diese, o Bhārata (Nachkomme des Bharata), erscheinen nur zwischenzeitlich." Die Welt ist der Entwicklung und dem Zerfall unterworfen. Um dieses zu verstehen, muß man nicht bis ans Ende der Welt warten; eine Korrektur des Blickwinkels genügt. Das ist der Zugang zu wahrer Erkenntnis, die wahre Beherrschung der Lebenskraft (*prāna*): das Bewußtsein, daß die Welt unwirklich (*mithyā*) ist.

ॐ

Der wahre Meister des *Prānāyāma* stellt sich die Welt vor wie Briefe, die vor vielen vielen Jahren mit Bleistift geschrieben wurden, unbestimmt, unklar, nebelhaft. In dem Bewußtsein, daß alles dies nichts anderes als Göttliches Sein (*brahman*) ist, wird er nie zu seiner Umgebung hingezogen werden, wie faszinierend sie auch sein mag. Erwerb, Reichtum, Eigentum, alles ist irreal, wertlos, nicht der Mühe wert. Diese Überzeugung ist das sicherste Zeichen von *Prānāyāma*, der Beherrschung der Lebenskräfte.

Mit der Zunge wird geschmeckt, mit dem Auge gesehen, mit dem Ohr gehört, mittels der Haut gefühlt und mit der Nase gerochen, nicht wahr? Die Sinne müssen von der äußeren gegenständlichen Welt abgezogen und zum inneren Bewußtsein, zur inneren geistigen Intelligenz, die *Citta* genannt wird, hingewendet werden. Dieser Prozeß wird von Patanjali in seinen Yoga Sūtras als „*Pratyāhāra*" beschrieben; ich werde ihn jedoch noch auf eine andere Weise definieren.

Die nach innen gerichtete Aktivität des Bewußtseins, das heißt: die dauernde Ein-Sicht des Bewußtseins, diese grundlegende Ausrichtung der Sinneskräfte nach innen ist die wirkliche Bedeutung von *Pratyāhāra*. Nur wenn das Bewußtsein, die geistige Substanz (*citta*), erkennt, daß dies alles hier aus der Täuschung geboren und in der Täuschung erhalten ist, zieht es seine Fühler von der Welt der Sinne zurück und gibt seine weltliche, selbstsüchtige Haltung auf. Es ist die übliche Natur des Bewußtseins, zu schwanken, zu zögern und hin und her zu laufen auf der Suche nach Glück und Frieden. Wenn es weiß, daß die Dinge, hinter denen es herläuft, vorübergehend und bedeutungslos sind, wird es plötzlich beschämt und desillusioniert. Dann beginnt der Prozeß der Erleuchtung und Reinigung des Bewußtseins.

Der spirituelle Aspirant, der diese Stufe erreicht hat, wird die äußere Welt wie eine gewaltige Pantomime betrachten, sein nach innen gerichteter Blick wird ihm solche Freude und Zufriedenheit geben, daß er die viele Zeit bereuen wird, die er mit äußerlichen Aktivitäten und der Verfolgung von Sinnesfreuden vergeudet hat. So gesehen ist die gerade, scharfe, auf einen Punkt konzentrierte Schau des Bewußtseins auf das Göttliche Selbst im Inneren wahres *Pratyāhāra*.

Patanjali hat erklärt, daß die Ausrichtung des Bewußtseins (*citta*) auf eine Stelle Konzentration (*dhāranā*) genannt wird. Ich möchte sagen, daß es noch mehr bedeutet, nämlich die unbeirrbare Haltung, der unerschütterliche Charakter des Bewußtseins. Wenn das Bewußtsein seine Bindung an äußere Dinge aufgibt, wenn es durchtränkt ist mit Gewissensbissen über zurückliegende Dummheiten, wenn es voller Entsagung und tiefem Verstehen ist, wenn es direkt die Entwicklung von weiterführenden Eigenschaften des Herzens und des Verstandes fördert, dann wird es wahrhaft fähig, sich mit dem Ideal zu vereinigen; es sinnt dann nur über das Ideal nach. Eine solche fest ausgerichtete Aufmerksamkeit ist unter *Dhāranā* zu verstehen.

An welchen Ort das Bewußtsein auch wandern möge, mache ihm klar, daß es dort nur das Göttliche (*brahman*) finden wird. Welche Ideen und Bilder es formen möge, lasse es wissen, daß es wieder nur Gott findet in den Schöpfungen des Denkens und Gefühls.

Behandelt euer Bewußtsein wie einen kleinen Jungen. Zieht diesen Jungen auf, indem ihr ihn lehrt, weiser und weiser zu werden; führt ihn liebevoll auf gute Wege, macht ihm bewußt, daß alle sichtbaren Dinge nur Produkte der eigenen Illusion sind; nehmt ihm seine ganze Furcht und seine schwachen Seiten und richtet seine Aufmerksamkeit beständig und ausschließlich auf das Ziel. Geht mit dem Bewußtsein nie gewaltsam um; es wird der Sanftheit und geduldigem Üben leicht nachgeben. Korrigiert seinen Eigensinn mittels einer Haltung der Entsagung. Zerstört seine Unwissenheit (*ajnāna*) mit dem Unterricht in der Erkenntnis des wahren Selbst (*ātman*). Stärkt sein Interesse in Richtung auf die Erkenntnis des Göttlichen (*brahman*), das schon in ihm wohnt; laßt ihn die Vorliebe zum Vergänglichen und Unwahren, zu den durch Einbildung und Phantasie geschaffenen Traumgebilden aufgeben; wendet seine Schau nach innen, weg von der äußeren Welt. Durch diese drei Methoden läßt sich die Haltung der Konzentration (*dhāranā*) fest begründen.

ॐ

Im Zustand des Wachens und im Zustand des Träumens, während aller Prozesse des Spinnens und Webens der Gedanken zu farbenfrohen Bildern mittels der Vorstellungskraft muß das Bewußtsein (*citta*) beobachtet und trainiert werden. Es muß dazu gebracht werden, in eine Richtung und stetig zu fließen wie das Wasser aus einer Schleuse, hin zum Göttlichen (*brahman*), zum Göttlichen allein. Das ist wahre Konzentration (*dhāranā*).

ॐ

Erkenntnis (*jnāna*), die in eine einzige Richtung fließt, ist Meditation (*dhyāna*). Ich habe ihre verschiedenen Merkmale in früheren Aufsätzen beschrieben. Meditation ist, kurz gesagt, das ununterbrochene Verweilen des Bewußtseins im Zustand der Erkenntnis (*jnāna*), wobei das Bewußtsein selbst zur „Verkörperung" der Weisheit (*jnānasvarūpa*) wird. Alles ist Gott. Der Ozean voll himmlischen Nektars (*amrita*) ist überall himmlischer Nektar. Ob in der Quelle, im Teich, im Fluß oder im Meer: Wasser ist Wasser. Entsprechend besteht, wenn alles Göttlich (*brahman*) ist, alles aus der gleichen Substanz, die unter einer Vielfalt von Namen und Formen erscheint. Raum (*ākāsha*) befindet sich innerhalb wie außerhalb eines Gefäßes und ist immer der gleiche Raum! Und auch das Göttliche (*brahman*), das in Form verschiedener Körper mit ihren eigenen individuellen Eigenschaften erscheint, ist Eines und nur Eines. Wie der Raum innerhalb und außerhalb des Gefäßes ist Es Eines. Dieses Eine Einzige Göttliche zu erleben ohne alle Empfindungen von Unterschied und Besonderheit, das ist das Zeichen von Meditation (*dhyāna*), die Essenz des Erlebens der Meditation, wie sehr sich die Praktizierenden auch voneinander unterscheiden mögen.

ॐ

Wenn die Formen nicht mehr als getrennt erfahren werden und das wahre Sein allein empfunden wird, dann ist das der Zustand des Einswerdens (*samādhi*). Das ist die Meinung von Patanjali. Man kann es auch auf eine andere Weise erklären. Wenn der in Meditation versenkte Mensch sowohl sich selbst vergißt als auch die Tatsache, daß er in Meditation vertieft ist, dann erreicht er das höchste Bewußtsein; das heißt, wenn er mit dem Gegenstand, über den er meditiert, verschmolzen ist, tritt er in das Stadium ein, das *Samādhi* genannt wird. Meditation erfüllt sich, wird vollkommen in *Samādhi*. Meditation strebt und schreitet fort durch Bemühung, *Samādhi* dagegen kommt mühelos. Er ist der Kulminationspunkt der achtfachen Disziplin des *Ashtāngayogas*.

ॐ

Wenn man erkennt, daß absolut kein Unterschied zwischen der individuellen Seele und dem Göttlichen (*ātman*) existiert, daß sie ein und dasselbe sind, dann ist das das höchste Bewußtsein (*samādhi*). *Samādhi* ist die reifste Frucht der Meditation, der kostbarste Augenblick für die *Yogins*, der Zerstörer der Unwissenheit (*ajnāna*), das Signal der Gnade Gottes. Die unaufhörliche Sehnsucht danach, den Göttlichen *Ātman* als Einen und gleichzeitig als Alles zu erkennen, ist es wert, ermutigt und willkommen geheißen zu werden; denn dies ist der Weg, durch den alle Zweifel beseitigt werden können.

ॐ

Es gibt zwei Arten der Einswerdung: *savikalpa*, wo man sich seiner selbst noch bewußt ist, und *nirvikalpa*, die völlige Verschmelzung. Während des *Savikalpa* dauert die dreifache Natur (*tripūti*) von Erkenner, Erkennen und Erkanntem fort. Wenn man aber wahrnimmt, daß der Erkenner Göttliches Sein, *Brahman* ist, das Erkennen auch *Brahman* und der zu erkennende Gegenstand ebenfalls *Brahman* ist, dann existiert keine Regung oder Aktivität (*vikalpa*) mehr: Das ist der Zustand höchsten Bewußtseins, *nirvikalpasamādhi*.

ॐ

Die Einswerdung mit Gott (*samādhi*) ist wie das Meer, in das alle spirituellen Wege fließen. Die sieben Ströme von *Ya-*

ma, Niyama, Āsana, Prāṇāyāma, Pratyāhāra, Dhāraṇā und Dhyāna (Aufgabe der Bindung an Welt und Körper, beständige Gottesliebe, rechte Körperhaltung, Beherrschung der Lebenskräfte, nach innen gerichtetes Bewußtsein, Konzentration, Meditation) werden alle von dem Meer aufgenommen. Jede Spur von Name und Form verschwindet in diesem Meer. Der, der dient, und der, der den Dienst empfängt, der, der meditiert, und der, über den meditiert wird: Jede derartige Dualität wird vertrieben und zerstört. Man wird nicht einmal das Erlebnis erleben, das heißt, man wird sich nicht einmal dessen bewußt, daß man erlebt. Nur das Eine allein, nichts sonst, das wird Einswerdung (*samādhi*) sein. Wenn da noch etwas anderes ist, kann es kein *Samādhi* sein. Es ist allenfalls etwas wie ein Traum, eine Phantasie, bestenfalls eine vorübergehende Vision.

IM ZUSTAND VOLLKOMMENER EINHEIT
EXISTIERT NUR NOCH GOTT.

Glossar

adhishtāna	Grundlage, Herrschervollmacht
adhyātma	Auf das Selbst bezogen
ahamkāra	Egoismus, Selbstsucht, das Ich-Prinzip
ahimsā	Gewaltlosigkeit
aikya	Vereinigung von Mensch und Gott
ajnāna	Unwissenheit, Ignoranz
ākāsha	Raum, Äther
akhanda	Ununterbrochen
akhandaikarasa	Erfahrung des Eingetauchtseins in die grenzenlose Liebe des Herrn; ununterbrochen den einen Geschmack des Göttlichen erfahren
amrita	Unsterblichkeit, himmlischer Nektar
ānanda	Glückseligkeit
anga	Glied, Körper
anrita	Falschheit, Lüge, Unwahrheit
antah karana	Die Dreiheit von Manas, Buddhi und Ahamkāra, der gesamte, innere, psychische Bereich
aparigraha	Nichtergreifen der Sinnesgegenstände
aparoksha	Direkt
ārya	Vornehm, edel
āsana	Sitzhaltung, Körperhaltung
asat	Das Unwirkliche, nicht Existierende
ashanti	Unfrieden
āshrama	Aufenthaltsort eines Weisen oder Heiligen; spirituelle Lebensgemeinschaft
ashtānga	Die achtfache Disziplin (des Yoga)
ashtāngayoga	Der achtgliedrige Yoga
astheya	Nichtstehlen
āstika	Frommer, gottesfürchtiger Mensch

asuras	Dämonen, Verkörperungen des Bösen
ātmadroha	Verrat am Selbst
ātmajnāna	Wissen um den Ātman
ātman	Das wahre innerste, Göttliche Selbst; das eigentliche Ich; die Göttliche Basis im Menschen
ātmānanda	Seligkeit des Erkennens der eigenen Wirklichkeit
ātmarama	Freude am Selbst als Quelle von Lieblichkeit und Seligkeit
ātmashānti	Der Friede des Selbst
ātmasvarūpa	Form, Wohnung, Verkörperung des inneren Selbst
avidyā	Unwissenheit, Ignoranz
bhagavata (purāna)	Indisches Epos, vorwiegend über das Leben Krishnas
bhajana	Lobgesang; Lobpreisen der verschiedenen Namen und Aktivitäten Gottes
bhākta	Ein Gott in Hingabe Verbundener
bhakti	Hingabe, Devotion; hingebungsvolle Liebe zu Gott
bhaktimarga	Weg der Hingabe
bhāshyas der ācāryas	Kommentare der Lehrer
bhāva	Existenzform, Zustand
Brahmā	Name des schöpferischen Aspektes Gottes
brahmacarya	Keuschheit, wörtl. der Wandel im Brahman
brahman	Das allem zugrunde liegende Wesen Gottes; Gott selbst
buddhi	Höhere Unterscheidungskraft, Vernunft

caitanya	Das Wesen Gottes, Bewußtsein
cinmayatva	Die Tatsache, daß alles aus Bewußtsein besteht
citshakti	Bewußtseinskraft
citta	Bewußtsein, der innere Mensch
cittashuddhi	Reinigung des inneren Menschen
dama	Kontrolle der Leidenschaften
dāntins	Asketen
devībhagavata	Name eines Werkes, das dem weiblichen Aspekt des Göttlichen gewidmet ist
dharma	Gerechtigkeit, Rechtschaffenheit, Gesetz, kosmische Ordnung
dhāranā	Konzentration, unwandelbare Haltung des Bewußtseins
dharshana	Die sechs klassischen Philosophie-Systeme
dhyāna	Meditation, Kontemplation
Draupadi	Hauptfrau der Pāndava-Brüder, im Mahabharata-Epos Symbol der weiblichen Tugenden
drishya	Die sichtbare, äußerliche Welt
gītā (bhagavad gītā)	Gesang des Erhabenen aus dem Epos Mahābhārata; Gespräch zwischen Krishna und Arjuna
guna	Eigenschaft
Hari	Die immanente Basis des Universums; anderer Name für Vishnu und Krishna
icchāshakti	Willenskraft; die Kraft, zu wünschen

ishtadevatā	Gott in der vorzugsweise verehrten Gestalt
īshvarapranidhāna	Hingabe an Gott
jada	Träge, leblose Materie
jagat	Schöpfung, gegenständliche Welt
japa	Wiederholung des Namens Gottes
japayajna	Opfer des Namens Gottes
jīvin	Individualseele
jnāna	Weisheit, Wissen, Erkenntnis
jnānamarga	Weg der Weisheit
jnānasvarūpa	Verkörperung der Weisheit; wahre Natur des Menschen
jnānayoga	Gottverbindung durch Weisheit
kāma	Verlangen, Lust, Begierde
karana	Ursache
karmamarga	Weg, durch Handeln zur Befreiung zu gelangen
karman	Tun, Handeln, Aktivität
karmayoga	Gottvereinigung durch Tätigkeit
Kauravas	Die hundert Söhne von König Drtarastra, Gegner der fünf Pāndava-Brüder in der Schlacht von Kurukshetra
kāya	Körper
kīrtana	Singen des Namens Gottes
krodha	Zorn
kumbhaka	Methode der Atemkontrolle
kurukshetra	Schlachtfeld, auf dem der Kampf zwischen Gut und Böse ausgetragen wird
loka	Welt
lokashanti	Weltfriede

mahātman	Eine große Persönlichkeit; „große Seele“
mamakāra	Der Sinn, etwas „mein“ zu nennen; Besitzerstolz
manana	Ins Gedächtnis rufen
manas	Gemütsbereich der Wünsche, Gedanken, Gefühle und Wahrnehmungen
mantra	Lautformel voll geistiger Kraft
mauna	Erkenntniszustand jenseits der Sinne; wörtl. Schweigen
māyā	Das schöpferische Prinzip, aus dem die Vielheit hervorging; Täuschung
māyājagat	Die täuschende, gegenständliche Welt
mithyā	Weder real noch irreal; unwirklich
moksha	Befreiung, Erlösung
muni	Verzückter, Weiser, Seher, Asket
mukti	Das Gewahrwerden der eigenen Wirklichkeit; Befreiung
Nārāyana	Gott als Urwesen
nididhyāsana	Nachsinnen
nirvikalpa	Ohne weltliche Inhalte
nirvikalpamauna	Hoher Bewußtseinsstand jenseits der Sinne; Schweigen ohne jede Störung
nirvikalpasamādhi	Höchstes, reines Bewußtsein der Einheit
nirvishaya	Das Freiwerden des Gemütes von der objektiven Welt
nirvittimarga	Der Weg zur wahren Mitte
niyama	Reinheit, beständige Gottesliebe, innere Disziplin
niyamastha	Jemand, der in Niyama gefestigt ist, der die Stufe ständiger Gottesliebe erreicht hat

Pāndavas	Die fünf Söhne von König Pāndu. Sie besiegten das Heer der Kauravas auf dem Schlachtfeld von Kurukshetra im Kampf gegen das Böse
pāndit	wörtl. Gelehrter, der die Heiligen indischen Schriften auslegt
pāpa	Böses
parabrahman	Die höchste Gottheit; Göttlicher Seinsgrund
parabrahmamaya	Von der höchsten Gottheit durchflutet, durchdrungen
parabrahmasvarūpa	Verkörperung der höchsten Gottheit
paramajyotis	Das ewige, wahre, höchste Licht
paramānanda	Höchste Seligkeit
paramātman	Das Höchste, Göttliche Selbst
paratattva	Das Prinzip des Höchsten Absoluten
paripūrna	Vollkommen
parokshajnāna	Indirektes Wissen
phalabhogavairāgya	Verzicht auf die Früchte der Tätigkeit
prakānti	Herrlichkeit des geistigen Glanzes
prakriti	Urnatur
prāna	Lebensatem, Lebenskraft
prānasamyama	Atemregelung
prānāyāma	Kontrolle des Atems; Bewußtsein der Unwirklichkeit der Welt
prarabdhakarman	Ergebnis der Handlungen in früheren Leben
prashānti	Höchster Friede
pratyāhāra	Nach innen gerichtetes Bewußtsein
pravrittimarga	Der Weg ins Äußerliche
preman	Reine, selbstlose Liebe
punya	Gute Taten, Gutes
pūraka	Methode der Atemkontrolle

purānas	Heilige Bücher Indiens
purusha	Das Höchste; das Göttliche Selbst
rājan	König
rajas	Einer der drei Gunas: Leidenschaft, hitzige Aktivität
rajasika	leidenschaftlich
rājayoga	Der königliche Pfad zu Gott
Rāmānuja	Berühmter Vedanta-Philosoph
rasa	Anziehungskraft, Sehnsucht, Geschmack
recaka	Methode der Atemkontrolle
rishi	Weiser, der Gott in sich erkannt hat
rūpa	Form, Gestalt
sadgunas	Tugenden
sadguru	Der vollkommene Lehrer oder Führer
sadhaka	Spiritueller Aspirant, spirituell Suchender
sādhana	Geistige Tätigkeit, spirituelle Praxis
sādhanacatushtaya	Vier Prinzipien von Sādhana (geistiger Disziplin)
sādhu	Weiser, Hingegebener
sahana	Toleranz, Geduld, Gleichmut
sākshātkāra	Direktes Erkennen des eigenen, wirklichen Wesens
samādhi	Vollkommene Ausgeglichenheit; Stille in Gott; Erfahrung der Einheit
samarasa	Gleichmut, Eintracht
samashti	Kollektive Schöpfung
samkalpa	Absicht, Entschluß
samnyāsa	Entsagung, Verzicht auf die Früchte der Tätigkeit
samnyāsin	Einer, der allem entsagt hat

samsāra	Die sich dauernd verändernde Welt
samtosha	Glücklichsein, Zufriedenheit
sanātana dharma	Ewiges Gesetz
sancitakarman	Aufgehäuftes Karman
sarvamangala	Freude, Segen
sat	Sein, Existenz
sat-cit-ananda	Sein, Bewußtsein, Seligkeit
satpurusha	Das wahre Selbst; jemand, der erkannt hat
sattva	Einer der drei Gunas: Reinheit, Klarheit
sattvika	Rein, klar
satya	Wahrheit
saukhya	Glück, Glücklichsein
savikalpa	Von Unterscheidungen begleitet
shakti	Kraft, Energie, Macht
shama	Kontrolle der Sinne und Wünsche
Shankara	Bedeutender Philosoph Indiens
shānta bhakti	Tiefe, friedvolle, absolute Hingabe
shānti	Frieden, Gleichmut
shāstras	Heilige Schriften, Lehrbücher
shavam	Grab, Leichnam
Shiva	Gott als Gnädiger
shivānandalāharī	Schrift des Shankara
shraddhā	Glaube
shravana	Zuhören
shruti	Göttliche Offenbarung der Veda
shubha	Gut
sthūlashavīra	Der materielle Leib; grobstofflicher Leib
sukshmashavīra	Der subtile, feinstoffliche Leib
sushupti	Tiefschlaf
svādhyāya	Studium
svarūpa	Form, Verkörperung

tamas	Einer der drei Gunas: Trägheit
tamasika	Träge
tamoguna	Stumpfheit
tapas	Disziplin, Hitze, Glut
tapatraya	Die dreifache Verstrickung in die drei Grundeigenschaften
tattva	Die eigene Wirklichkeit
tejas	Glanz
tripūti	Dreifache Unterscheidung zwischen Erkenner, Erkennen und Erkanntem
udāsīna	Leidenschaftslose Gelassenheit
udāsīnabhāva	Zustand der leidenschaftslosen Gelassenheit
upanishaden	Heilige Schriften, die zu den Veden gehören
uparathi	Loslösung der Sinne von der gegenständlichen Welt
vāhinī	Fluß, Strom
vairāgya	Entsagung, Verzicht
vāk	Wort, Rede
vāsanā	Wunsch, Impuls
veda	Wörtl. Wissen; heilige Offenbarung, die in Indien bewahrt worden ist
vedāngas	Hilfsbücher zu den Veden über Phonetik = Shikshā, Grammatik = Vyākarana, Versmaß = Candas, Etymologie = Nirukta, Astronomie = Joytisha, Ritual = Kalpa
vedānta	Das Ziel des Wissens; auf dem Veda aufbauende Einheits-Philosophie
vedāntin	Nachfolger der Vedanta-Philosophie

vicakshana	Verstandesschärfe
vikalpa	Erregung des Gemütes
vikāsha	Glanz, Entfaltung
viveka	Unterscheidungsvermögen
vyashti	Individuelle Schöpfung
yajna	Opfer zum Ruhme Gottes
yama	Aufgabe der weltlichen und körperlichen Bindungen
yoga	Gottverbindung, spirituelle Praxis
yogamarga	Weg der Gottverwirklichung
yoga shastras	Heilige Schriften des Yoga, der spirituellen Praktiken zur Vereinigung mit dem Göttlichen
yoga sūtras	Die von Patanjali, dem indischen Begründer des Yoga-Systems zusammengestellten Aphorismen; wörtl.: Wurzeln des Yoga
yogin	Ein Mensch, der Gott verwirklicht hat